だいわ文庫

図解　ユダヤ人大富豪の教え

幸せな金持ちになる17の秘訣

本田 健

大和書房

Contents

Contents

図解 ユダヤ人大富豪の教え――幸せな金持ちになる17の秘訣◎目次

The Millionaire's Philosophy for A Happy Life

The Millionaire's Philosophy for A Happy Life

The Millionaire's Philosophy for A Happy Life

Contents

The Millionaire's Philosophy for A Happy Life

Contents

プロローグ

メンターとの衝撃的な出会い

――その老人と出会ったのは、一年のアメリカ滞在が終わる頃だった。

当時、まだ二十歳の学生だった僕はボランティア団体の招きでアメリカに渡り、フロリダの老人ホームをまわって日本文化と平和について講演していた。講演のかたわら、地元で成功している企業家や芸術家に会い、彼らの成功の秘訣をインタビューしてまわっていた。

The Millionaire's Philosophy
for A Happy Life

日本に帰っても、友人たちのように大企業に就職せず、独立して事業を興したいと考えていた僕は、アメリカにいる間に、彼らの成功の秘訣をぜひとも知りたかった。

日本に帰る日まで、もう一ヵ月を切っていて、正直あせっていた。このまま日本に帰ったら、周りの就職活動のペースに飲み込まれてしまう。なんとか、人生を変えるきっかけをつかまなければ、と毎日考えていた。

そんなとき、この老人と出会ったのだ。僕は、いままでの人生を振り返ると、それこそ絶妙なタイミングで素晴らしい人に出会ってきたが、まさしく、これがそういう出会いだった。

僕の講演が終わったときに、「話が素晴らしかったので、ぜひお礼が言いたい」と品のいい小柄な老人が話しかけてきた。彼は、ヨーロッパでのナチスの迫害から逃れ、アメリカに渡ってくる途中、日本にも滞在したことがあるという。ゲラーと名乗るそ

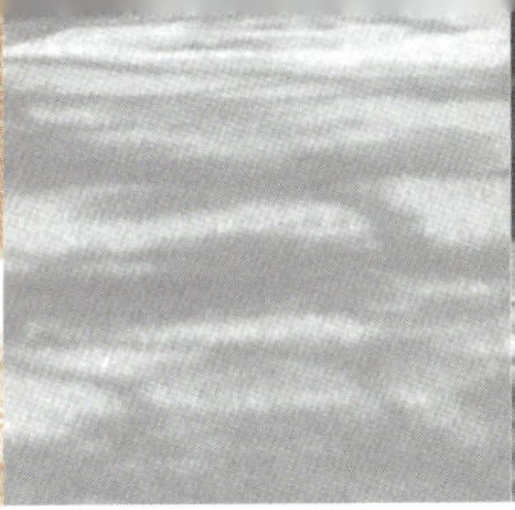

のユダヤ人の老人が、よかったら次の日のお昼をごちそうしたいと言うので、僕は気軽にそれに応じたのだった。

大富豪の住むフロリダの町

教えられた住所に車を走らせると、そこは、比較的金持ちが住むというフロリダの地でも、大金持ちが住む豪邸が建ち並ぶエリアだった。小さな町の区画全体がフェンスで仕切られていて、入り口には武装したガードマンがいる。身分証明書を見せないと、そのゲートの先には行けない仕組みになっていた。

町の敷地に入っても、森が続くばかりで、普通の住宅地には見えない。指定された住所の入り口のドライブウェイを入ると、ようやく巨大なお屋敷が見えてきた。

オーストリアでユダヤ人として生まれた彼は、実業家の父に鍛えられ、ビジネスで成功するものの、ナチスの台頭で、辛くもヨーロッパからシベリア、日本経由で、アメリカに移住したのだった。ニューヨークのダイヤモンドビジネスで成功した後、不動産業を営み、ホテル、ショッピングセンターを全米に展開する大富豪になっていた。

僕は、こんな人と知り合うチャンスはないと思った。成功の秘訣を聞けるとしたら、この人をおいてほかにはいない！　と確信に近いものを感じた。そう考えたら、即行動だ！

「僕は、あなたのような人物を探していたのです。僕は日本に帰って、事業を興して独立したいと考えているんです。ぜひ、その秘訣を教えてください。あなたの言うことなら、何でもしますから」

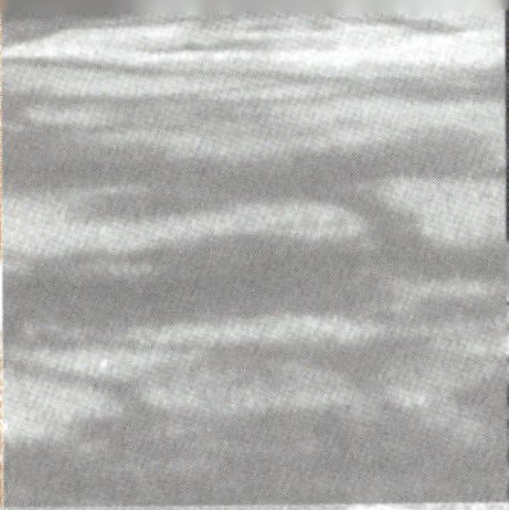

なぜユダヤ人に ビジネスの成功者が多いか

あとで聞いたところによれば、ゲラー氏は、若い頃ダイヤモンドの歩合給のセールスマンからスタートしたらしい。そのときに使っていたアタッシュケースをいまも大切に持っている。

「これさえあれば、戦争が起きたり、火事になって全財産を失っても、生活に困らないだろう」

彼のセールスに対するあふれる情熱を感じながら、それと同時にユダヤ人の危機意識は、日本人のものとぜんぜん違うんだなと思った。

すごいなと感銘を受けながらも、悲しい歴史を感じざるを得なかった。

最初の試練

この試練に
パスできたら、
幸せな金持ちになる
秘訣を教えよう。

最初の試練

「この紙に1,000人分の署名を
3日以内にもらってきなさい！」

——ハーマン・ゲラー

私は この若者が
人生 で成功するのを
心から応援する

あなたならどうする!?

■私だったら「私は必ず成功する、という楽しくてワクワクするゲームをやっています。皆さん、署名してこのゲームを一緒に楽しんでください！」と呼びかけます。「成功したあかつきには、皆さんにもその秘訣を公開します！」と一言付け加えることも忘れずに……。

（福岡　女性　45歳）

■「自分は今成功の秘訣を学んでいる。自分が成功したら必ずその方法を教えるので、サインを送ってください」という新聞広告を出します。

（大阪　女性　50歳）

■近所の小学校に行って子供たちを集めて署名の紙を配り、「明日までに誰が一番多くのサインを集められるか？」というゲームを提案し、一等賞品として10ドル分のチョコレートバーを用意する。

（千葉　男性　31歳）

■テレビ、ラジオに出る！

（広島　男性　20歳）

■「これにサインしてくださった方には1ドルさしあげます」と書いたボードをぶら下げて、町を練り歩きます。将来はお金持ちになるのだから、先行投資は必要と思います。

（岐阜　女性　44歳）

■ボランティアグループの音楽の好きな人に頼んで、駅前などでストリートミュージックをやってもらう。人が集まったところでチップのかわりに署名してもらう。

（福岡　男性　13歳）

■産婦人科へ行きます。新しい生命の誕生に喜びあふれている人々は、その子の成長を、そして成功を心より願っています。その我が子達に寄せる気持ちと同じように、応援をお願いし、署名をしてもらう。成功の暁には、とかの話は無し、あくまでも気持ち、心意気です。

（東京　女性　53歳）

最初の試練

■インターネットをフル活用する。たとえばアクセス数の多い掲示板。そして、登録数が多いMLに流してもらう。（広島　男性　32歳）

■従業員が1000人以上いる、成功という言葉を愛する会社の社長に今回の要旨を告げ、是非従業員の皆様にも、この成功の秘訣を伝えたい！　そのためには皆様の署名が必要だ！　と社長を説得する。（岡山　男性　28歳）

■まず、署名を集める場所は、野球場。それもメジャーではなく2A、1A、もしくはルーキーリーグの球場です。選手たちは、当然メジャーを目指している発展途上の若者たち。それを見に来る人は、将来の栄光を一緒に夢見ている人たち。この人たちに応援していただきます。

サンドイッチマンのような少し目を惹く恰好で、「私は人生の成功者を目指します」とアピールし、手当たり次第に折り紙を渡します。そして風船＝ボールを目の前で折って見せます。「私が、人生で成功したと確信した時は、必ずまた折り紙を贈ります」と約束します。折ってくれた人には、署名していただきます。1試合中で333人の署名をもらえれば、達成！　多分、2日でいけそうな気がします！（神奈川　男性　44歳）

■まず一人一人に伝えていきます。自分の思いを真剣に！　その伝えていく中の5人に自分と同じように、できたら台本のようなものを作って、それを伝えてもらいます。その5人にもまた同じことをやってもらいます。ポイントは自分と同じ思いの人を探すことです。（広島　男性　30歳）

●ここにご紹介したアイデアは『ユダヤ人大富豪の教え』の予告編として発信した「体験メールマガジン」にお寄せいただいたものです。

ケンはこうして署名を集めた

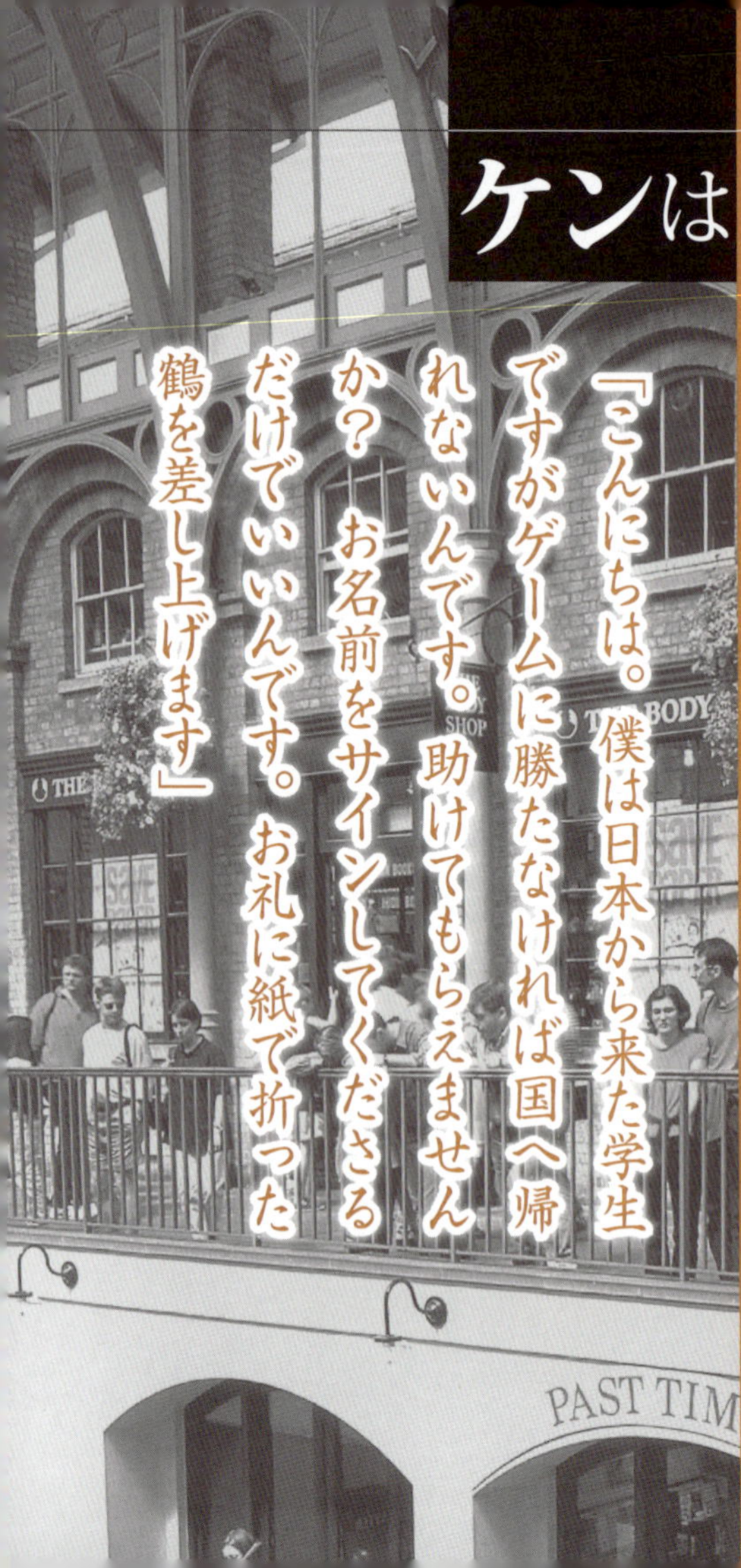

『こんにちは。僕は日本から来た学生ですがゲームに勝たなければ国へ帰れないんです。助けてもらえませんか？ お名前をサインしてくださるだけでいいんです。お礼に紙で折った鶴を差し上げます』

Ken's answer

最初の試練

僕の前には、列ができ、みんな快くサインをしてくれるようになった。入れ食い状態だった。なかには、家族、友人の名前まで書き、人数分の折り鶴をもらっていくちゃっかり者もいたが、僕にとって、そんな客は大歓迎だ。

　おもしろいことに、列を整理してくれる子どものアシスタントまでつき、僕はたった半日で一〇〇〇人の署名を集めることに成功した。

ユダヤ人大富豪・ゲラー氏の名言①

「実業家として成功したいなら、三つの要素が絶対にいる。何かをやろうと決めたら、その目標に向かって、戦略を立てること。そして、それを実行すること。それがうまくいくかどうかについて悩んで時間をつぶさずに、それをやり遂げる情熱だ」

「困難にぶつかったとき、そういうクリエイティブなアイデアを出せるかどうかがとても大切なんだ。そこが成功と失敗の分かれ目とも言える」

レッスンを始める前に――

Before the Lesson

「私はね、いまから話すことをヨーロッパの富豪に教えてもらったんだよ。ユダヤ人の大実業家で、素晴らしい人格者だった。若い頃私は、彼のところに教えを請いに行った。結局一年待たされたが、彼のオフィスや

自宅に通い詰め、人生を生きる心構え、人との接し方、ビジネスの運営のやり方なんかを教えてもらった。その一番のエッセンスを君に教えてあげよう。けれども、それを教えるには条件がある」

――次の3つのことを約束してほしい

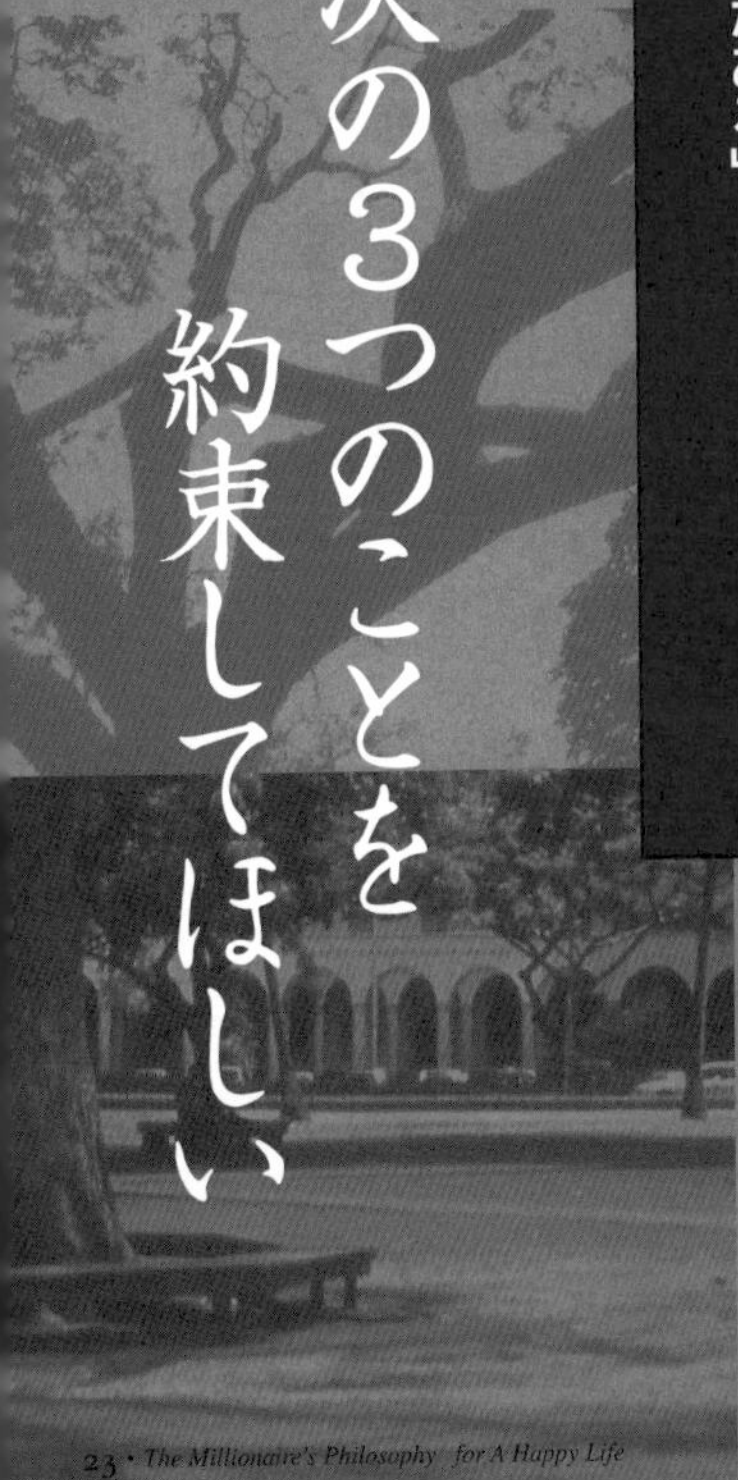

誓約書

私は　私の人生において
以下の３つのことを約束します。

一、絶対に幸せな金持ちになること

一、自分の人生に１００％責任をもつこと

一、成功したら、将来前途ある若者にメンターから授けられたこの知恵を教え、彼らの成功を手伝うこと

年　　月　　日

署名

Lesson start!

「お金のことは忘れなさい」

待ちに待ったレッスンは次の朝に始まった。ベーグルとオムレツとサラダの朝食が終わると、二人にとってお気に入りのテラスへ行った。広さが一〇メートル四方ぐらいの美しい赤レンガ敷きの床に、きれいな装飾が施された屋根がついていた。雨の日には、ガラス戸を引くとそこは、大きな家になる構造だった。

そのテラスは、屋敷から少し離れ、美しい庭に面していて、客人たちとのガーデンパーティーを楽しめるようになっていた。その森の中のベンチに腰掛けると、彼は微笑み、口を開いた。

「君はどうして、それほどまでに成功したいんだね？」

check

□社会を変えたいから
□人に尊敬されたいから
□権力者になりたいから
□モテたいから
□金持ちになりたいから
□親を喜ばせたいから
□親のようになりたくないから
□家を建てたいから
□有名人と知り合いになれるから
□いつでも、どこにでも行けるから
□人に使われる人生はイヤだから
□ただ、なんとなく

ユダヤ人大富豪・ゲラー氏の名言②

「本当に成功したいなら、最初の動機が大切だ。それがずれていると、ぐちゃぐちゃな人生を送ることになる。パワーが欲しくて成功しようとすると、パワーゲームにはまってしまう。人の尊敬を得ようとすると、人から注目をあびたいという無間《むけん》地獄に落ちるんだよ。すると、どれだけ、社会的に成功しても、君は決して幸せになれない。成功するだけでは幸せになれないからね。幸せに成功したければ、自分らしい人生を生きることに集中して、お金のことや成功することを忘れるのが大切なんだよ」

お金のことを忘れる

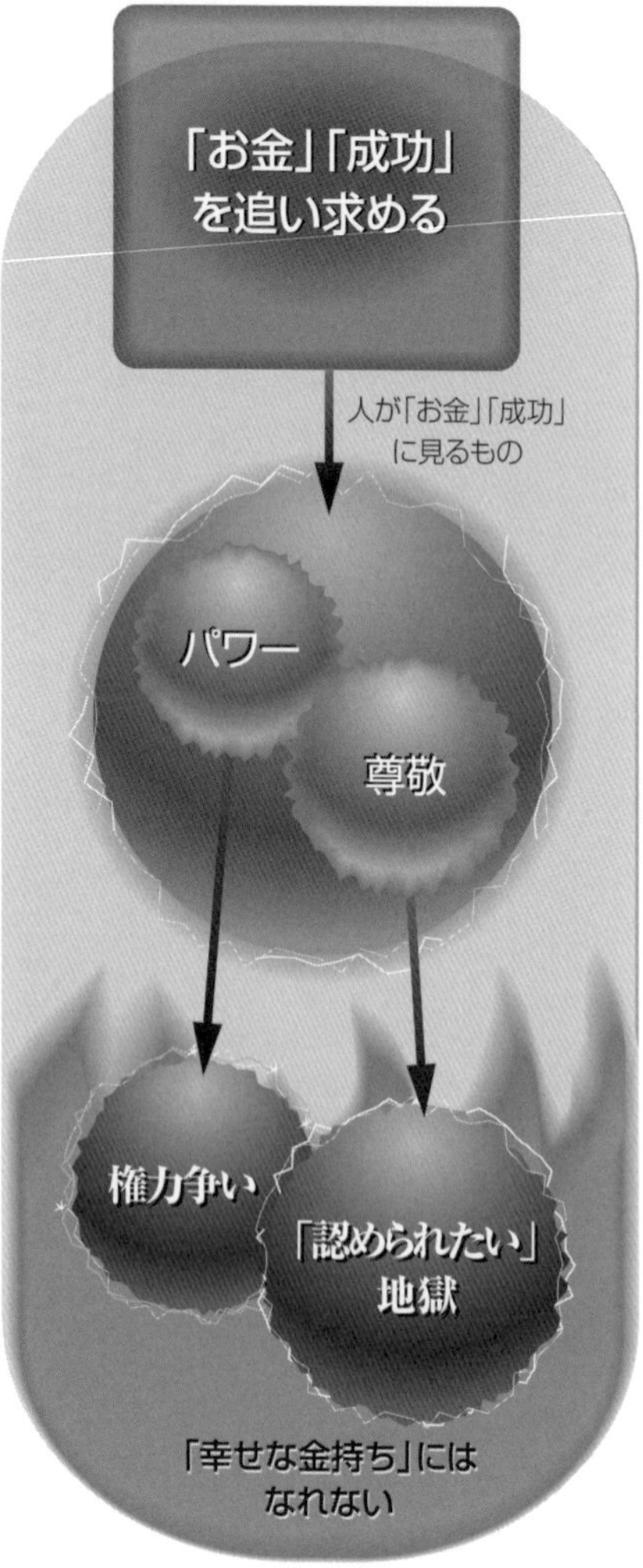

「お金」「成功」を追い求める
人が「お金」「成功」に見るもの
パワー
尊敬
権力争い
「認められたい」地獄
「幸せな金持ち」にはなれない

「お金」「成功」
を忘れる
自分らしい
人生を生きることに
集中する
幸せな金持ち

成功しても幸せになれない人の考え方

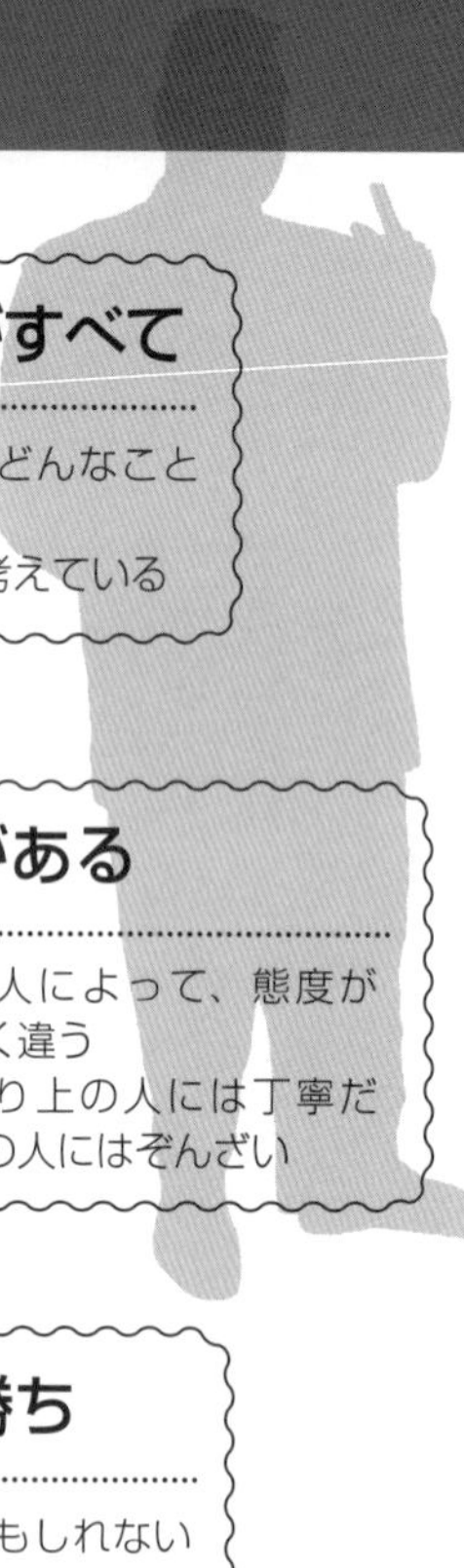

世の中お金がすべて

- ◆お金のためなら、どんなことでもする
- ◆お金持ちが偉いと考えている

裏表がある

- ◆接する人によって、態度がまったく違う
- ◆自分より上の人には丁寧だが、下の人にはぞんざい

成功すれば勝ち

- ◆絶えず、負けるかもしれないという恐れ
- ◆自分が勝ってしまったことに対する罪悪感

自分中心

◆自己顕示欲が強く、何でも自分を中心に考える
◆いい結果は、すべて自分の手柄にしたがる

人をコントロール

◆地位や権力を使って、人を支配しようとする
◆力があれば、何でも自分の自由になると思っている

人を出し抜く

◆人を利用して、自分に有利な状況をつくろうとする
◆人と競争して、自分が勝とうとする

幸せに成功できる人の考え方

大好きなことをする

- 自分がワクワクすることを大切にしている
- 日常的に、自分が好きなことをやっている

分かち合い

- 自分から進んで与えようとする
- 与えたものが自分に返ってくると考えている

喜ばれるとうれしい

- 人の笑顔が、自分の幸せの源
- 奉仕の喜びを日常的に感じている

人に応援される

- 周囲のたくさんの人に応援されている
- 周囲からの応援を、感謝して受け取る

人を大切にする

- 目の前のすべての人に丁寧に接する
- 自分と同じように人のことを思いやる

誠実

- 自分の行動規範をしっかりもっている
- どんな状況でも、自分の行動原則を守る

第1の秘訣

The key to success

社会の成り立ちを知る

一生懸命頑張ったら、金持ちになれますか？

「世の中には同じ年齢でも、年に五万ドル（五〇〇万円）稼ぐ人間と、五〇万ドル（五〇〇〇万円）稼ぐのと、五〇〇万ドル（五億円）稼ぐのがいるね。彼らの違いは何だろう？」

才能があれば成功するか努力している人は成功するか

「才能があっても、成功しない連中はたくさんいる。努力していれば成功するというなら、ほとんどの人間は、精一杯やっている。努力した人間がみな成功できたら、どんなにいいだろうね」

ゲラーさんは大きくナプキンに書いて見せてくれた
君が提供したサービスの質と量 ＝ 君が受け取る報酬額
サービス次第で高収入が得られるってことですか？
ハハハ…お金のことを忘れろって何回言ったかな？
あっ
お金のことを忘れなさいと言ったのは『サービスすることに没頭しなさい』ということだよ…
!?

給料をもらってる人間は働いている時間が退屈なので早く時間が過ぎるのだけを考えている…
ハ〜早くかえりたい…
一方、スターや事業で成功した人たちはその仕事をやめるのが難しいくらい自分の仕事を楽しみ愛している言ってみれば与えることだけを考えている
だから彼らはますます豊かになるどちらが幸せだろう？
もちろんスターや好きなことをやっている人でしょう
そのとおり！
お金のことを考えてばかりの連中より仕事が大好きでしょうがない人間のほうが成功するのだよ
はいっ
わかりました

サービスの質と量で報酬額は決まる!

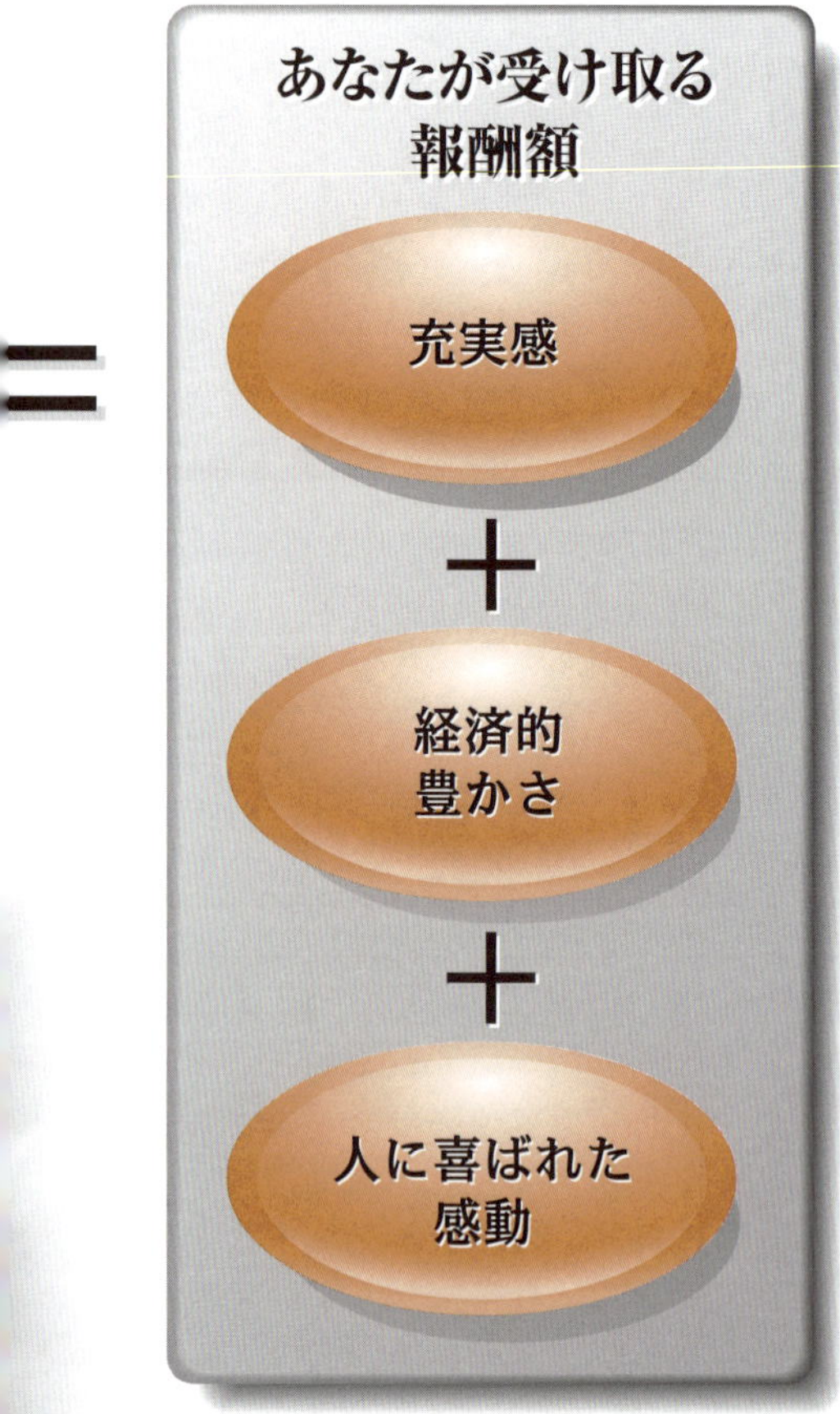
=
あなたが受け取る
報酬額
充実感
+
経済的
豊かさ
+
人に喜ばれた
感動

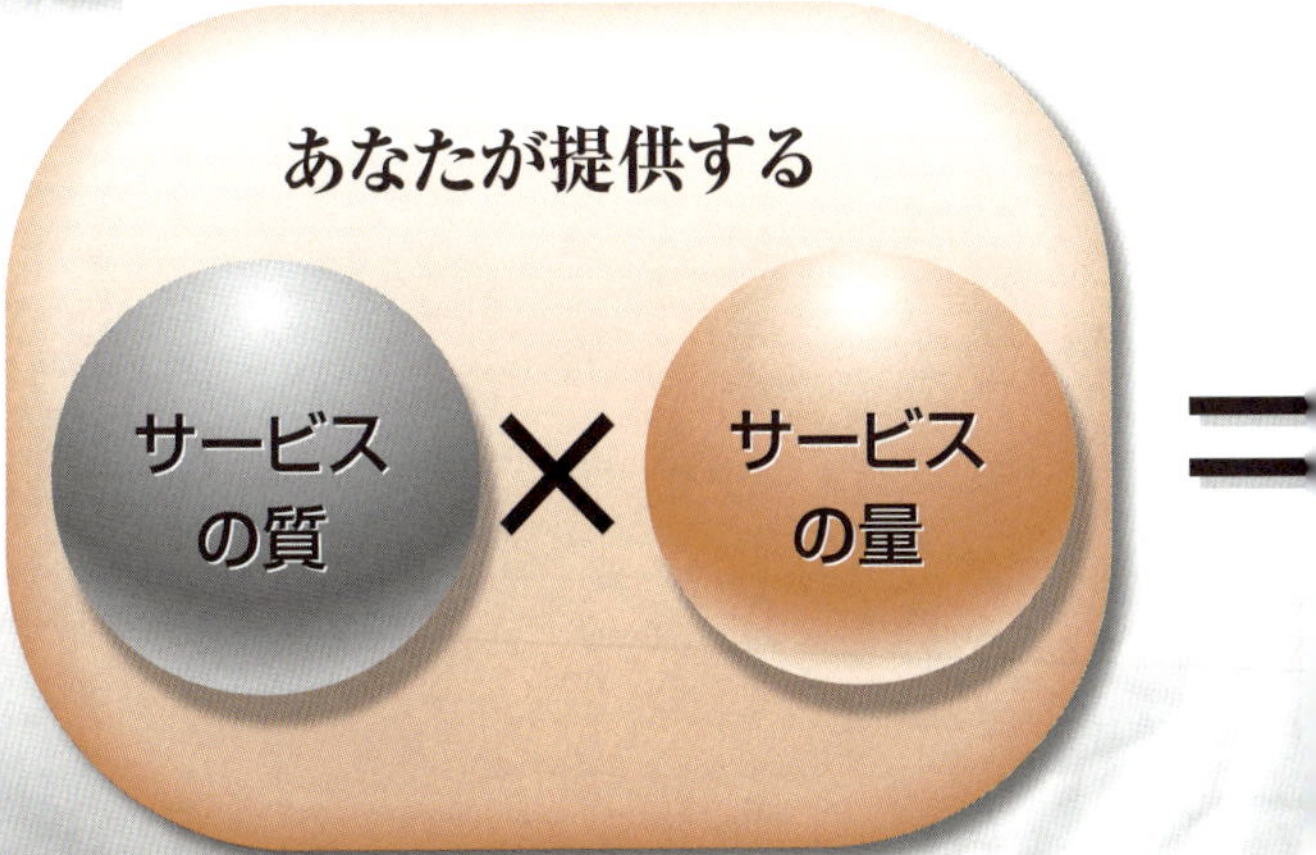
あなたが提供する
サービスの質
×
サービスの量
=

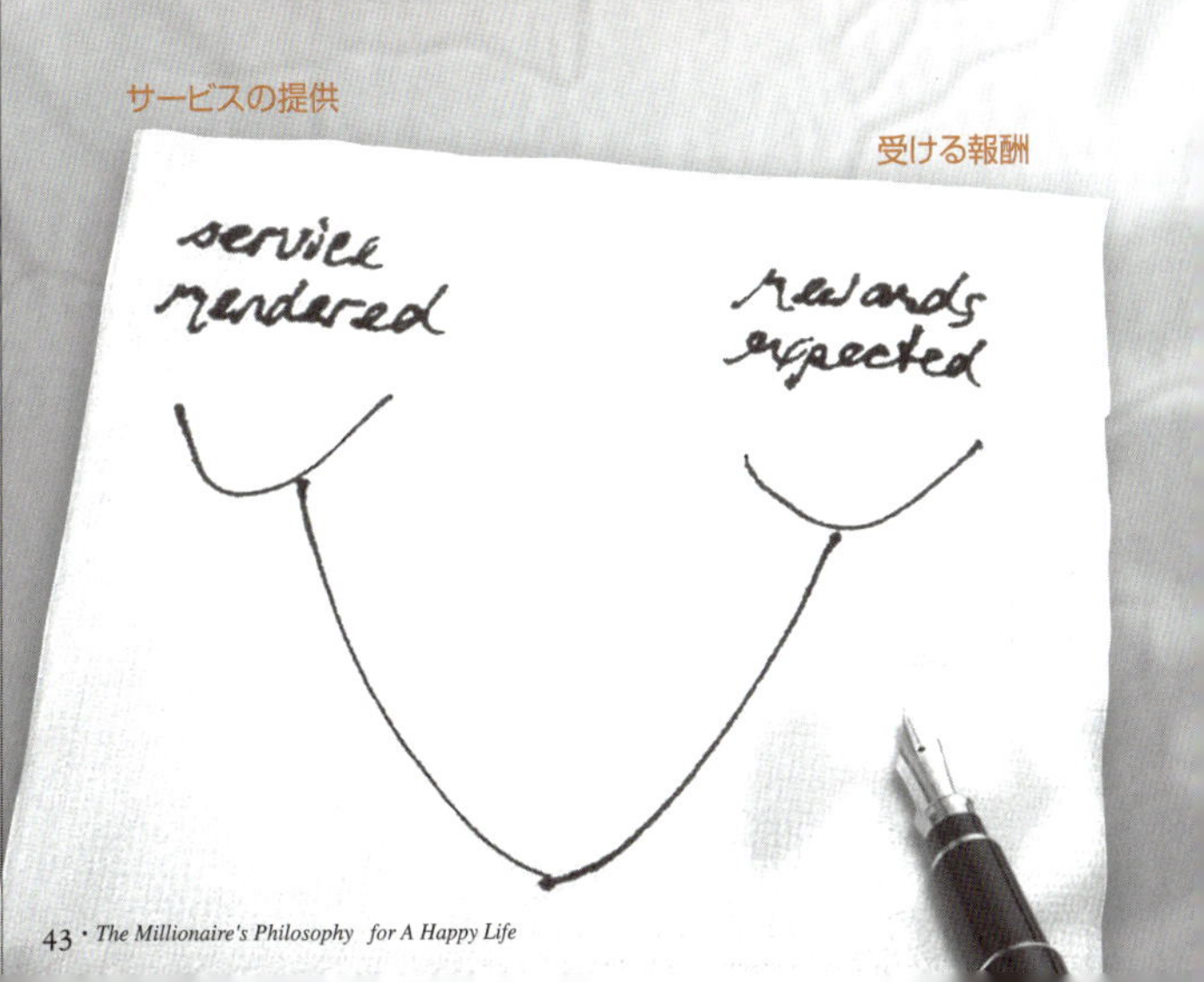
サービスの提供
受ける報酬
service rendered
rewards expected

経済自由人と不自由人

——立場が幸せと豊かさを決める

◆世の中には二通りの人間しかいない

「世の中には、二通りの人間しかいない。自由な人と不自由な人だ。

自由人は、経済的、社会的、精神的に独立して、誰からの援助も指図も受けない。その人個人が考えるとおりに人生を生きている。

不自由人は、経済的、社会的、精神的に誰かに依存している。だから、自分は誰なのか、自分が何をやりたいかも知らない。いや、考えようとしていないと言ったほうが正確だろう。そして、自分の人生の問題を両親、兄弟姉妹、結婚相手、政府、会社になんとかしてもらおうと考える。

自由人は毎日、自由、チャンス、豊かさ、楽しさ、与える喜び、感謝に満ちて生活している。不自由人は、窮屈さ、徒労感、貧困、欠乏、競争、嫉妬、イライラ、不満、怒りなどを感じながら生活している。どちらがいいかね？」

◆「社長」って、自由人？

「会社の雇われ社長や役員も同じように不自由な人だ。彼らの給料は多いかもしれないが、株主や監査役など様々な人から監視を受け、大変なプレッシャーで仕事をしている。アメリカの会社はヨーロッパや日本に比べてCEO（最高経営責任者）にたくさん支払う傾向があるので、まだマシだが、いずれにしても、**時間の自由がないことから考えると不自由人**と言えよう」

不自由人

- 会社員・公務員
- 大企業の社長・役員
- 自営業者
- 中小企業の経営者
- 自由業
(医者・弁護士・会計士など)
- 普通のスポーツ選手、
アーティスト
- 無職の人

自由人

- 流行っているレストランやお店のオーナー
- 印税の入る作家、画家、アーティスト
- 特許、ライセンスなどをもつ人
- マルチレベルマーケティングで成功した人
- マンションや土地から家賃収入を得る地主
- 有名なスポーツ選手、アーティスト
- 株、債券、貯金の配当を得る人

Q 自由人の生き方とは？

「ビジネスのオーナーは、自分が働かなくても、スタッフが働いてくれる。お店をもっていたとしたら、優秀なマネージャーが店の切り盛り、従業員の教育などをやってくれる。君が世界中どこにいようと、会社はそいつがしっかり経営してくれているのだ。君は、みんなが楽しく幸せに働ける仕組みをつくればいい。そこに優秀なマネージャーがいれば、君なしでも大丈夫。もちろん、マネージャーにはたっぷり報酬を払わなければいけないが、その価値は十分にある。そして、君の銀行口座にお金も自動的に入ってくる。

成功した画家や作家、ミュージシャンも自分の作品が売れるごとに印税が入ってくる。

彼らが風邪で寝てようと、ハワイでのんびりしてようと、地中海に浮かべたヨットでバカンスを楽しんでいても、確実に銀行預金の残高は増えていくのだ」

Q マルチレベルマーケティングビジネスって何ですか?

「アメリカでもまだまだ誤解が多いビジネススタイルでね、個人が商品の販売網を広げて、その流通した金額に応じて収入になるシステムなんだ。

いわゆる〝ねずみ講〟とは違うものだよ。ねずみ講は先に入った人間がすべてのお金を取る。マルチレベルマーケティングビジネスは、その人が起こした流通の金額によって収入が決まる。必ずしも先に入ったからといって、収入を多く取れることにはならないんだよ。このスタイルのビジネスは、これから増えていくだろう。時代の流れが個人に向かっているからね。日本でも、将来はきっと広がると思う。日本人は、人間関係を大切にするというからね」

ユダヤ人大富豪・ゲラー氏の名言③

「一言で言うと、不自由人は、日常的に仕事をしなければ、生活していけない人だ。自由人は、毎日何もしなくても豊かな生活を送ることができる連中だ。世界中どこにいようと、問題ない。経済的にも、精神的にも自由だから、彼らを自由人と私は呼んでいる」

「自由人の人生は、エキサイティングだ。思わぬ展開で、次々ドラマが起こる。その新しいチャンスやプロジェクトを心から楽しむ時間とお金に恵まれている。自分の興味のおもむくまま、人生の楽しいイベントをこなしていくのだよ」

第2の秘訣

The key to success

自分を知り、大好きなことをやる

どんな仕事を選べば、成功できますか?

「幸せに成功したければ、自分が好きなことを仕事にしなさい。全身全霊でそれをやることができるほど、大好きなことだよ。自分の大好きなことをやれば、成功する確率は非常に高くなる」

夢を追いかけるか？安定した人生か？

「君が洋服を買いに行くとき、**洋服をつくるのが大好きでたまらないといった感じで仕事をしている人の店**か、嫌々やっている人の店か、どちらの店を選ぶ？

夢を追いかけるのを忘れて、安定した人生を選んだ人間は、言ってみれば〝退屈な人生を生きる終身刑〟を自らに課しているのに等しい」

豊かで幸せな人生への道のりゲーム

――ゴールまでの紆余曲折も楽しい

START!
お金のために
嫌いなことをする人生
自分の好きなことを
仕事にしよう！
と決意
mentor
応援して
くれる人、現る!
自信回復、三つ進む
一つめの夢が
かなった!
応援してくれる人が
集まってきた!
お金の流れが
できる!

好きなことがわからない!
立ち止まって、一回休み
子どもの頃、
夢中になったことを
思い出してみよう!
途中の
道のりも、
結構楽しい!
さあ、
好きなことが
見つかった!
でも、周囲の人に
理解してもらえない
もう一回、チャレンジ
周囲を気にせず、
自分が楽しいことに
意識を向ける
好きなことを、
少しずつ 日常の中で
やってみる
思うように
うまくいかない……
自信をなくして、一回休み
自分は幸せ者だ
と思う
GOAL!
好きなことをやって
幸せで豊かな人生

好きなことと得意なこととは違う

◆仕事を選ぶ基準

「残念ながら、多くの人が、給料がいいとか、安定しているとか、休暇が多いという理由で仕事を選んでしまっている。しかし、その仕事の選択のやり方が、実は自分の人生を悲惨な状態にしていることに気がついていないのだね。イヤな仕事をすることは、進んで自分から牢屋に入るのと同じことだよ。そこに鍵がかかっているかいないかしか違いはない。その牢屋は塀の中にはなく、多少は部屋も広いだろうけれどね」

◆「ワクワク病」にかかってはいけない

「普通、人は〝得意なこと〟と〝大好きなこと〟を混同してしまう。アメリカの成功者の多くは、得意なことをやる〝ワクワク病〟にかかっている。それは、アドレナリンが湧き出るようなワクワクした高揚感で、パッと見では、大好きなことをやっているように見える。そこに隠された動機は、〝大物に見られたい〟とか〝人生を生きる躍動感を感じたい〟というものだ。その人がやっていることは、〝自分が好きなこと〟ではなく、〝自分が得意なこと〟だ」

嫌いなことを仕事にしている人のパターン

会社辞められないよ〜
お金のための嫌いな仕事
イライラ
チッ
悪循環
ストレスがたまる
パーッといきたい

column

コラム

好きなこと、得意なこと、喜ばれることを仕事にする

12000人の億万長者にアンケート調査をしました。その結果、日本の億万長者は、仕事を「好きなこと」「得意なこと」「喜ばれること」で選んでいることがわかりました。「どうしてそういう基準で仕事を選んだんですか?」という問いに、「だって、嫌いなことをやっても、長続きしないでしょう」という答えが返ってきました。考えてみればそうですね。人生で何十年もやるのが仕事です。その間、苦しみながらやるのか、それとも、自分が楽しめて、人にも喜ばれることをやるのかでは、人生の質も違ってきます。

幸せで、豊かな人生を送りたいならば、自分が大好きなことで、得意なこと、喜ばれることを基準に仕事を選ぶことです。

生活するためのお金が不足
今月もピンチ
empty!
憂さ晴らしでムダ遣い
お金を使う

「好きなこと」のもつパワー

「好きなことをしていると、必ず道は開ける。時間差はあるだろうけれど、お金もやってくるはずだ。もし、万が一お金がやってこなくても、好きなことをやって幸せなんだから、それで十分だろう。それを図にすれば、こんなふうだよ」

そう言って、ゲラーさんは紙ナプキンに書き出した。

★嫌いなことをやってお金がない

これは最低の人生

★嫌いなことをやってお金がある

お金があるけど嫌いなことをやっているので、少し不幸（人により、まあまあと思う人もいるので△）

★好きなことをやってお金がない

好きなことをやれているので、結構幸せ

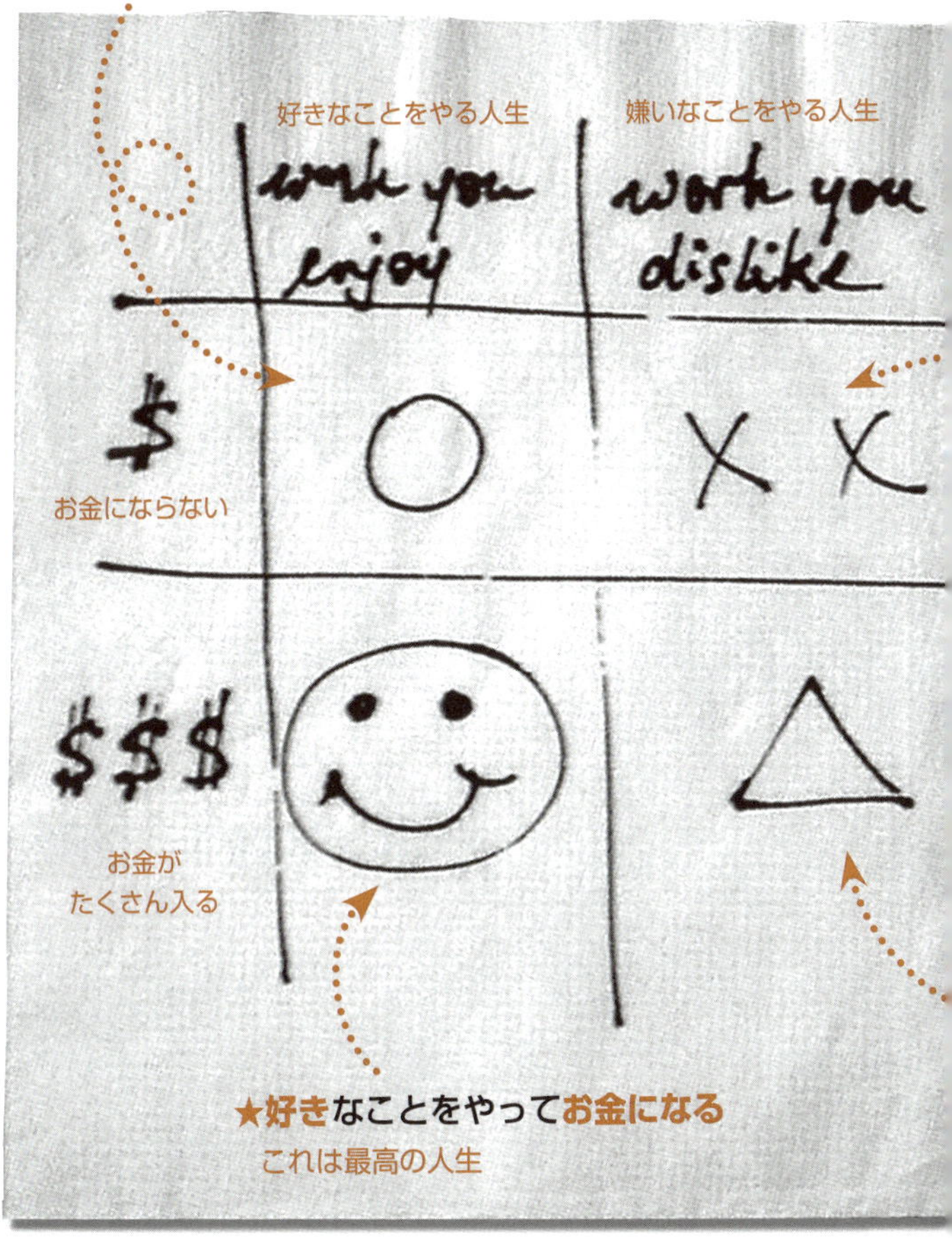
好きなことをやる人生
嫌いなことをやる人生
work you enjoy
work you dislike
$
お金にならない
$$$
お金が
たくさん入る
★好きなことをやってお金になる
これは最高の人生

ユダヤ人大富豪・ゲラー氏の名言④

「大好きなことにめぐり合う一番の方法は、いまやっていることが何であれ、それを愛することだ」

「人生に迷ったとき、自分が何をすれば楽しいのか、胸に手を当てて聞きなさい。そして、自分のハートの声を、人生の羅針盤にするのだ。自分の中にあるドキドキ、ワクワクを感じなさい」

天気のいいある午後、
ゲラー氏は
クルーザーで海に行こうと
言いだした。
僕はうれしくって
フロリダに来られたことを
神に感謝した。

運河を出て、
外海に出たら、
またレッスンが始まった。
デッキの椅子に
ゆったりと腰かけた
ゲラー氏が、
静かに語りだした。

僕は心地よい風を
頬に受けながら、
彼からの言葉を
聞き漏らすまいと
全身を耳にした。

第3の秘訣

The key to success

ものや人を見る目を養い、直観力を高める

ビジネスチャンスはどうすれば、つかめますか？

「成功するのに必要なのは、流れを読む力だ。物事の奥深くを見通す力だよ。社会の流れがどうなるのか、お金の流れがどこへ行こうとしているのかを予測することだ」

運や人生の周期を見極める

「流れと同時に大切なのはサイクルだよ。**人生にはツキの流れがある。**ツキがないと感じるときは、思い切って何もせず、のんびり人生を楽しむことだよ」

人生には上り調子と、下り調子がある

「人生には上り調子と、下り調子がある。それは、会社でも、国でも、文化でもそうだ。上り調子のときは、何をやってもうまくいく。逆に、下り調子のときには、何をやってもはずしてしまうものだ。この人生の周期を読み間違えるから、いい調子で成功しかけた連中が途中で脱落してしまう。

自分の人生がどちらに向かっているか、考えなさい。いまは、ブレーキを踏むときか、それとも、

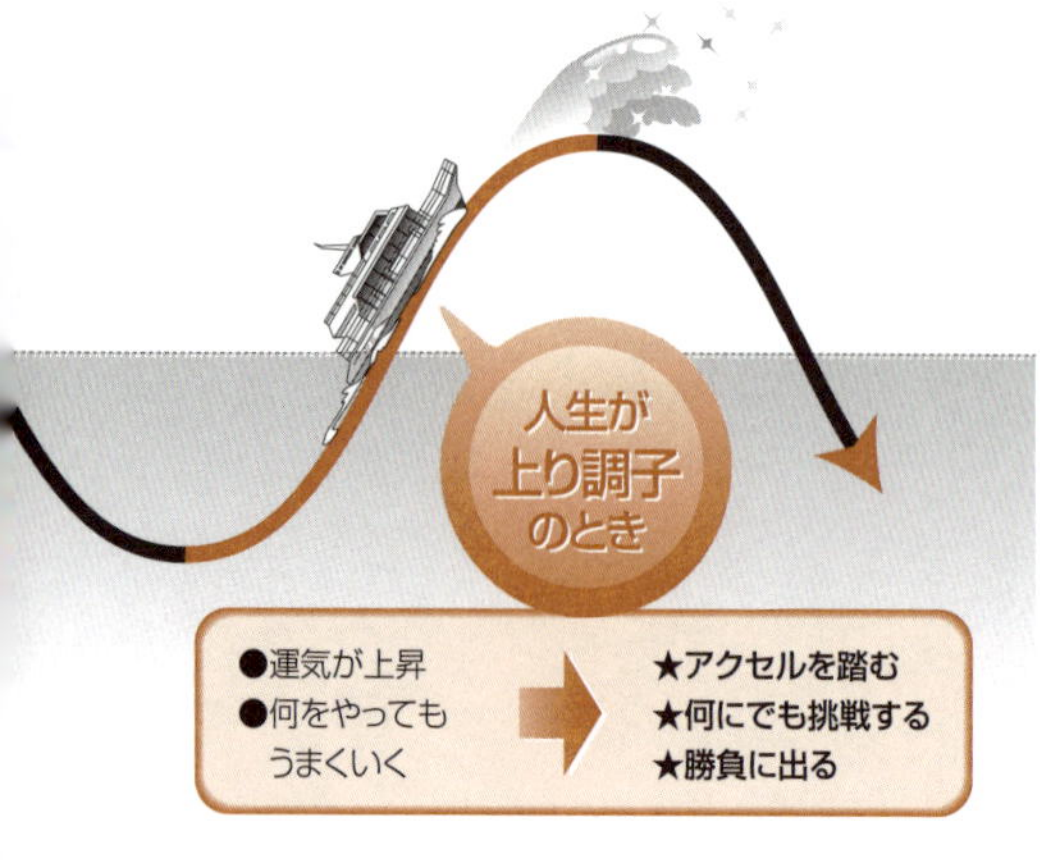

人生が上り調子のとき
●運気が上昇
●何をやってもうまくいく
★アクセルを踏む
★何にでも挑戦する
★勝負に出る

アクセルを踏むときなのか、それを見極めるのだ。

運気が上昇してきて、追い風になったら、帆を大きく広げ、勝負に出なさい。自分の運の状態を肌で感じることができれば、とんでもない大きな失敗をせずにすむ。とんでもない失敗というのは、運気の落ちているときに、失敗を挽回しようとして、勝負に出てしまうときに起きるものだ。そんなときは、嵐が去るまで家でじっとしておくことだね」

◉人生の潮の流れとその乗り切り方

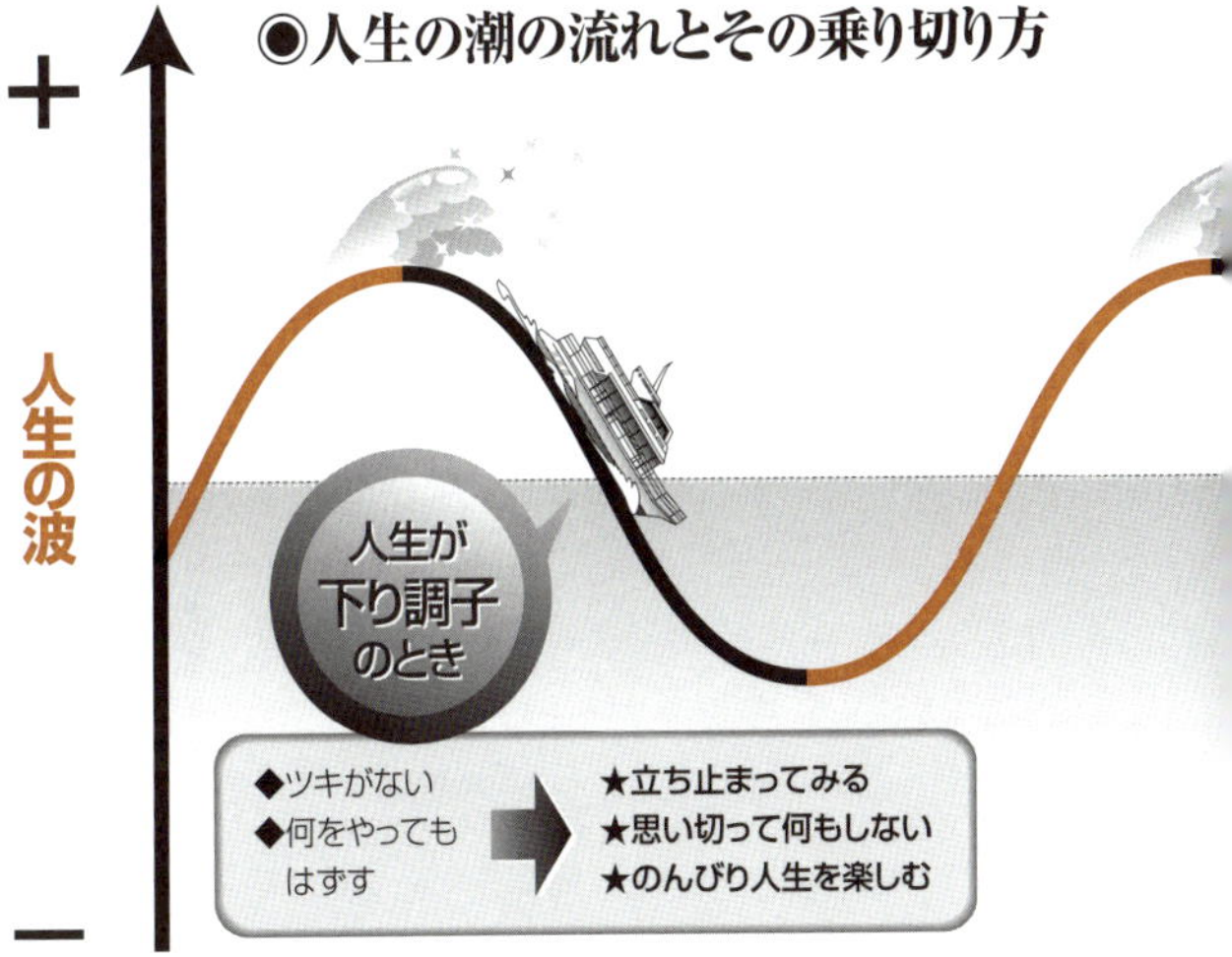
+
人生の波
−
人生が下り調子のとき
◆ツキがない
◆何をやってもはずす
★立ち止まってみる
★思い切って何もしない
★のんびり人生を楽しむ

いい人と悪い人を見極められる人間になるために

いろいろな人と
つき合いなさい

会ったら**5分**で、
その人がどんな人物かを
見極めなさい

その人の目を見なさい

——その奥に真実があるかどうか

笑顔がゆがんでいる人、目下の人に威張って接する人は要注意！

会社の善し悪しは、どこで決まる？

「ビジネスプランを見るときには、そのビジネスの本質が何かを見抜けるようになりなさい。社長の顔がよくないのも気をつけたほうがいい。たいていそういう会社はうまくいかない。社長が酒、女、ギャンブルのクセがないかはチェックするべきだろう。他人からの批判をしっかり受けとめられるかどうかも大切なポイントだよ」

ユダヤ人大富豪・ゲラー氏の名言⑤

「人とつき合うのにも、直観を信頼しなさい。頭で考えてもダメなことがたくさんある。人生やビジネスの実戦で大切なのは、どんなときでも生き抜く動物的勘だ」

「直観力を養うには訓練しかない。使うことによってしかつかない筋肉のようなものだね」

第4の秘訣

The key to success

思考と感情の力を知る

成功するためには、どんなことを心がけていればいいですか?

「日常的に自分が考えていることを絶えずチェックしなさい。日常的に考えていることが人生をつくる。どこに、ふだんの意識を集中させるかで、君の将来が決まると言えるだろう」

幸せの素を頭の中に招く

「素晴らしい人生を生きたければ、**頭に幸せの素になるような考え方を入れること**に気をつけなければいけないのだよ。読む本のメッセージ、見るテレビ、つき合う人が話す内容に気をつけなさい」

思考が人生を形づくり、感情が人生をコントロールしている

思考
読む本のメッセージ
見るテレビ
つき合う人が話す内容　など
感情
恐れ
怒り
喜び
悲しみ
愛　など

内面で起きている自分自身との会話

◆二つのコミュニケーション

「男女関係でも、ビジネスでも、成功したければ、コミュニケーション力を高めなさい。コミュニケーションには二種類ある。自分の内面とのコミュニケーションと自分の外側とのコミュニケーションだ。多くの人はこの二つがあることすら知らない。だから自分が何を感じて、考えているのかわからないまま、人生を生きる。

〝自分が何を感じ、考えているのか〟意識を集中させなさい。そして、自分が何をやるのが好きなのかを探しなさい」

◆フォーカスの力

「自分の望む現実に意識をフォーカスすることだ。**人生でいいことが起こると思っている人間には、いいことが続けて起こるものだよ。**

逆に、ネガティブなことにフォーカスすると、そちらのほうに吸い寄せられるように行ってしまう。

自分の思考が何にフォーカスしているのか、常に意識しなさい」

ふだん考えていること、感じていることを紙に書いてみよう！

◉朝、目が覚めたとき

●どんな音が聞こえた？

●それを聞いて、どうだった？

●今日は誰に会う日？

●その人はどんな人？

●朝の家族はどんなだった？

◎電車の中で、バスの中で

●隣の人はどんな人？

●中吊りの広告は何だった？

◎会社で、学校で

●楽しかったことは？

●つらかったことは？

●どんな自分だった？

●周りの人はどうだった？

ゲラーさんとクルーザーで
無人島にやってきた
遠足気分の僕は
『思考と感情についての
本当のレッスン』が
待っているとは
夢にも思わなかった…
「今後どのような人生を
生きたいのか」を
考えるようにとの
ゲラーさんのすすめに
僕は一人で散歩に
出かけた…

うお～っ
僕は好きなように生きてやるぞ～!!
こんなに自由で最高の気分を味わったのははじめてだった
——しかし…
ク…クルーザーがない!!
そういえば昨日の夕食のとき…
ロビンソンクルーソーが好きならいい無人島があるんだ
試してみるかい?
「行ってみるかい?」とは言わなかった…
クソーやられたー

こんなのシャレにならないよ!! あのジジイ絶対殴ってやる!!
一人残された怒りが引き金となって、小さい頃の家族のドラマが思い出された
酔った父に殴られたことや
母にかばってもらったこと…
そして父にひどいことを言ったことなど
僕は怒りや悲しみにのみこまれた…
憎しみや愛おしさを感じているうちに僕は眠りに落ちたゲラーさんは翌朝、現れた
あっ

昨日から、君は
どんな感情を味わったかな
とても一言では…
最初、感謝でいっぱいで
最高の気分でした
なのに…
クルーザーがなくなって
いて戸惑いと不安
そして怒りが!!
ヒドイですよ!
殴ってやるって
思ったほどで
…
普通の人は
無人島で一人ぼっちに
なった孤独な気分で
人生を生きている
そして日常的に感じる
様々な感情に
翻弄されながら
毎日を送っている
君には感情が
いかにパワフルなのかを
知ってもらいたかった…
覚えておいてもらいたい
将来、君が「もうダメだ」と
感じたときにも今日のように
必ず助けが来る! とね…
……

ユダヤ人大富豪・ゲラー氏の名言⑥

「自分の感情や思考が、人生のコントロールを奪うほど、パワフルだということを知っておいてもらいたい。そして、それらに対処できるだけの人間になってもらいたいのだ」

「君に覚えておいてもらいたいのは、人生を信頼することだ。人生を信頼できる者にだけ幸せは訪れるのだから」

感情に揺り動かされない自分になる

感じることで、
ネガティブな感情は
消えていく
ウラヤマシイ
クソッ
ムカツク
pan
ムカツク
pan
クソッ
pan
ウラヤマシイ
ネガティブな感情を
昇華できる自分

コラム

人生を信頼するとは？

人生を信頼するとはどういうことでしょう。私は、自分の中に幸せの基準をもつということだと思います。周りからの尊敬や高収入を得ることが幸せだと思っていると、それを失うだけで、すぐ不幸になってしまいます。

ウラヤマシイ
クヤシイ
クソッ
クソッ
クヤシイ
ムカツク
ウラヤマシイ
イライラ
ネガティブな感情に
押しつぶされそうな自分

信頼するとは、自分の人生には、幸せになるための出来事しか起こらないと信じることです。世間的に見て、不幸に見えることも、あとになってみれば、より幸せになるためのきっかけだったりします。離婚、リストラ、破産などは、考えられる中で、人生最大の不幸でしょう。しかし、そういう危機的状況をきっかけに、自分のことがよく理解できるようになるものです。その結果、以前よりもっとふさわしいパートナー、仕事、収入を得られるようになったりするものです。

第5の秘訣

The key to success

セールスの達人になる

この電球は、いったい何に使うんですか?

リビングの床一面に置かれた段ボールの箱には電球一〇〇〇個が入っていた。

「これはね、使うんじゃないんだよ。売るものなんだよ、君がね」

一ドルの電球、一〇〇〇個!

「君の好きな値段で売ってかまわないよ。ただし原価は一ドルだから、あとで一〇〇〇ドルを君にもらうことになる。**君なりのやり方でこの電球を三日以内に売ってきてもらいたい。**全部売り切るまでは、この家に帰ってきてはいけない」

はじめてのセールス
第一日目――
はぁ～～
結構です
ワンワン
ワン
ひっ
……
一つも売れなかった
千個売るまでは帰ってこなくていい
はー…
僕はゲラーさんの家に帰れるのかなァ…
だ～っ
いかん、いかん!
千羽鶴のようなアイデアを考えるんだ!!
そうだ!
電球だけ売ろうとしなければいいんじゃないか
よし!
ガチャ
ぼ、僕は日本の学生です!!
ボランティアで電球を替えるサービスをしています
代金は電球分だけでかまいませんが、いかがですか!?

そおう…
ゴク
じゃあテラスの電球が高いところにあるからよかったら取り替えてくださる？
は…はい！喜んで！
サンキュ!!
CHU
キャ
笠まできれいにしてくださるの？うれしいわ
ハハハ…これくらいのこと!!
お茶でもいかが？
そのあと、おばあさんのおしゃべりにつき合っていると…
素晴らしいサービスねほかの人も喜ぶはずよ！いまから一緒に売りに行きましょ!!
彼女は僕の代わりにバンバン売りさばきあっという間に千個が完売した
ありがとう
助かるわ
サイコーのサービスだよ…
老人たちの感謝と笑顔が僕の心にしみこんだ…

ゲラー氏の「セールスの成功5原則」

1、絶対売ると決める

2、信頼される人柄になる

3、イメージを描けるように話し、感情に訴える

4、商品・サービスに完璧な知識をもつ

5、クロージング（契約）のテクニックをもつ

深い喜びが得られる〝売れる〟サイクル

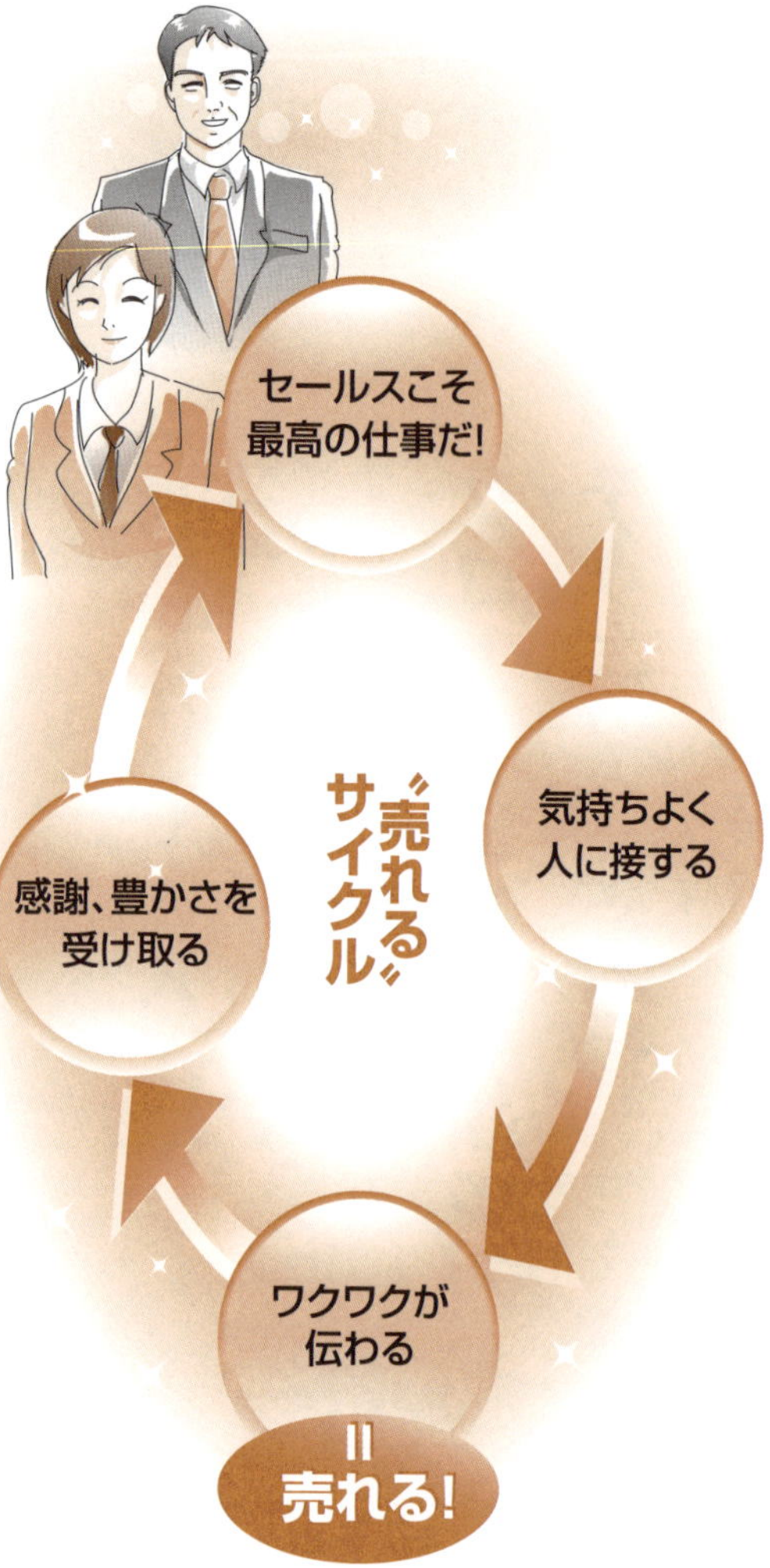
セールスこそ
最高の仕事だ!
気持ちよく
人に接する
ワクワクが
伝わる
=
売れる!
感謝、豊かさを
受け取る
〝売れる〟
サイクル

セールスなんて
最低の仕事だ
疑いと不安で
人に接する
マイナスの
感情が伝わる
=
断られる
チェッ、
やっぱりダメだ
〝売れない
サイクル〟
……

第6の秘訣

The key to success

スピーチの天才になる

成功者はなぜ、
スピーチがうまいんですか？

「エグゼクティブはスピーチの才能に磨きをかける。自分が考えていることが伝わらなければ、成功はおぼつかない。コミュニケーション能力を高めることが、成功への近道なんだよ」

素晴らしいスピーチとは

「感じるまま、**自分の感情を目の前にいる人たちと分かち合うこと**ができれば、最高のスピーチだと言えるだろう。素晴らしいスピーチは、人の人生を変えるパワーをもつのだ」

感動するスピーチの共通点

1 全身からエネルギーがほとばしる

2 人の関心と注意を集める

3 自分が感じていることが目の前にいる人に伝わる

コラム column

スピーチがうまくなるには？

日本では、人前でうまく話す力は、あまり大切なものだと考えられていません。しかし、幸せに成功する人生を生きたいなら、スピーチをする能力は、学歴よりはるかに大切です。パーティーや会合で、自己紹介したりするときの第一

4 人の心を打つ

5 人の人生を変えるパワーをもつ

鍵は〝感情〟にある!

自分が何を感じているのかを把握し、それを人と分かち合う

印象は、スピーチで決まることが多いからです。

スピーチ上達法に、近道はありません。とにかく練習です。人の前で、何回話したかに比例して、あなたのスピーチは磨かれていきます。くれぐれも、最初からうまく話そうとは思わないことです。自分の感じていること、考えていることをノートに書くことも、実はスピーチ上達の鍵です。

人は、自分がふだん考えている以上のことは、話せません。毎日、明確に自分の考えをまとめる訓練をしていれば、スピーチも格段に上手になるはずです。

ユダヤ人大富豪・ゲラー氏の名言⑦

「自分が口を開くときには、真実のみを話しなさい。いい加減なことを口走ってはいけない。本当にその気がないことは言わないことだ。自分の真実を話さなければ、君の言葉のパワーはなくなってしまうからね」

「自分の話す言葉に注意しなさい。ふだん君が話しているることは、君の未来をつくる。ふだん話すなにげない言葉が、君の運命をつくっていることを忘れないように」

日常的に話す言葉が運命をつくる

「今日はいいお天気だね」
「雨ばっかりでイヤになるね」
「どうせ、そんなことだろうと思ったよ」
「よかったね」
「ありがとう」

……ふだんのなにげない一言が、
君の未来をつくる！

コラム

言葉の力

言葉の力は、多くの成功者が口うるさく語ることの一つです。言葉には、それ自体が力をもっているという言霊（ことだま）という考え方があります。たとえば、「困った。どうしよう」という言葉の代わりに、「さあ、どうすれば、いまの状

ビジョン
希望
豊かさの話
人の悪口
ゴシップ話
否定的なこと
君の人生は喜びと豊かさに満たされる
君の将来はネガティブなもので満たされる

況をよくできるか」と口に出すことで、まったく違った動きができるようになります。

朝から夜まで自分が発する言葉を書き留めていくと、その人がどういう人生を送っているかがわかります。あなたの言葉は、自分と周りの人を幸せにするものでしょうか？　それとも、自分と周りの人に制限をつけるようなものでしょうか？

幸せに成功する人は、真実の言葉を話し、自分と周りを勇気づけ、愛情、友情を世の中に表明します。

第7の秘訣

The key to success

人脈を使いこなす

誰と、どんなふうにつき合っていけばいいですか？

「人よりも早く成功する人は、人間関係のもつ力を上手に利用している。チャンスやいい情報、お金は、たいていい人間を経由してやってくる。あいつは信頼できると周りから思われたら、もう君は成功の道を半分行ったのと同じことだ」

人脈にもレベルがある

「パーティーなどで人に紹介してもらうときも、誰から紹介されるのかで、ぜんぜん印象が違ってくる。**成功したければ、少し格上の人間とつき合いなさい。**彼らから、はじき出されないように頑張っていれば、いずれふさわしい人間性ができてくる。そうなったら、たいしたものだよ」

いい人脈が成功に不可欠なわけ

あなたの周りには
300人の知り合いがいる

300人

その300人にもそれぞれ
300人の知り合いがいる

300×300=90,000人

その90,000人にも
300人の知り合いがいる

90,000×300
=27,000,000人

あなたの知り合い
あなたの
知り合いの知り合い
そのまた
知り合い

最初の300人といい関係をもてば、
90,000人とつながり、
27,000,000人もの人に影響する

キーパーソンは誰か？

　ある晩、地元の実業家とのパーティーにゲラー氏と出かけた。そこには、見るからに大物のような雰囲気の人、使いっ走り風の人、うさんくさい人など、いろんな人種がたむろしていた。

　会場を見渡すと、小声でゲラー氏は話し始めた。

「このパーティーでは、人脈をつくる上で誰がキーパーソンだと思う？」

「キーパーソンって何ですか？」

「重要人物だよ。鍵になる人間という意味だ」

「それなら、あそこにいる恰幅《かっぷく》のいい紳士でしょうか？」

「普通は、みんなあの成功者が中心人物だと思うだろう。たしかに成功している。しかし、君が知り合わなくてはいけない男は、隣の人物だ。よく見てみるがいい。彼は、いろんな連中を紹介しているだろう。彼が、全員を知っていて、つなげているんだよ。彼のような人間のことをコネクターと呼ぶのだ。彼と知り合いになっていると、このパーティーの連中全員に引き合わせてくれる。あの成功している男と知り合っても、たいした得にはならないのだよ。せいぜい自慢話を聞かされるのがおちだ」

ユダヤ人大富豪・ゲラー氏の名言⑧

「人とつき合う上でいちばん大切なことは、君が接するすべての人に豊かさと幸せがもたらされることを願うことだ。誰か新しい人に会うとしよう。そうすると君は心の中でつぶやくのだ。『この人と出会えて自分はなんて幸せなんだろう。この人のもとにたくさんの幸せとたくさんの豊かさが雪崩《なだれ》のようにやってきますように』と、祈りながら人に微笑みかける。

そして、最後にその人と別れるときにも同じことを願う。こういう態度ですべての人に接することができれば、君は間違いなく誰からも愛される人になる」

感謝の気持ちが呼び寄せる、成功のスパイラル

ビジネスを
するときには、
相手の立場に
立つことも
忘れてはいけない。

この位置に立って
すべての行動を決める

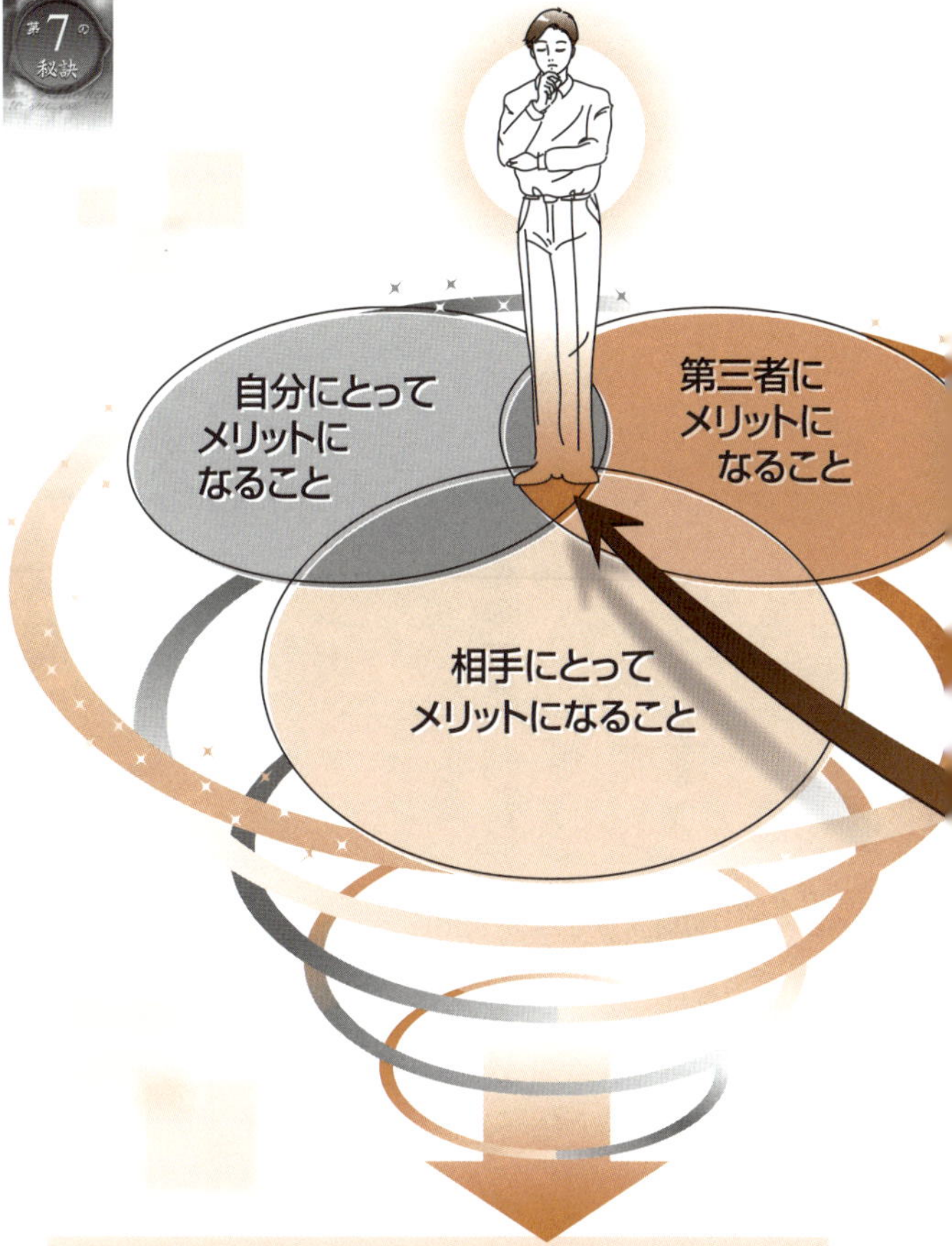
自分にとって
メリットに
なること
第三者に
メリットに
なること
相手にとって
メリットになること

「この人とつき合うと成功する」
という名誉を手に入れる

どのように、人脈をつくっていくか

◆ボランティア団体に所属する

「成功者は、コミュニティーや社会に還元しようという並々ならない情熱がある。**ボランティア団体の一員として君がそこにいることで、君は仲間だと認識してもらえる。**彼らはただでさえ、若い人を助けるのが好きなのだ。

その人たちと対等に、そして礼儀正しくつき合いなさい。そうすれば、君の成功は間違いない」

◆へりくだったセールスマンになってはいけない

「**偉い人にには、あたかも彼が偉くないかのように接しなさい。**そして、偉くない人にには、あたかもその人が偉い人のように接しなさい。そうすると、そのどちらからも君は驚きの目で見られるだろう。

彼らは、そんな扱いを受けたことがないからだ。そして、どちらもが君に感謝し、好意をもつだろう。偉い人は、本当は普通に接してもらいたいものなのだ。そして、偉くない人は、偉い人のように扱ってもらいたいものだから」

ユダヤ人大富豪・ゲラー氏の名言⑨

「いろんな会合に顔を出しなさい。そして、自分よりもはるかにすぐれた人とつき合いなさい。そうすれば、君も自然とその人たちに近づけるだろう」

「人間関係がとっても大事だと私が何度も言っているのは、なにもビジネスで成功するためだとは思っていないのだよ。利害を超えた友情は、人生でいちばん大切なものの一つだ」

第8の秘訣

The key to success

お金の法則を学ぶ

どうして金持ちより、お金に縁のない人のほうが多いんですか?

「お金を稼ぐには、知性、勇気、行動力、細心、人間的魅力、運など、いろんなものがいる。でも、お金を使うのに、そのどれも必要ない。そして、世の中には、お金を使わせる仕組みや罠がいっぱいある」

お金の感性を養う

「多くの人は、お金には自分では計り知れないパワーがあると思っている。**このパワーの本質を理解し、それをコントロールできるようにならないと、幸せな金持ちにはなれない。**金だけを集める単なる成金にはなれてもね」

社会に才能を分かち合うことで得たお金は社会に還元することではじめてサイクルが完結するんだ!!
ゲラーさんはアメリカの大富豪たちは社会に還元することを考えてきたと教えてくれた
僕もお金持ちになったら寄付はやるつもりです
その言い方は避けたほうがいい
君の言葉の裏には「いまはその余裕がない！」というメッセージが隠されている
金持ちになった連中はお金のなかった頃から収入の10%を寄付していた
こう言い換えてみてはどうだい？
人と分かち合うことで僕はますます豊かになる
自分には無限の富を生み出す力がある
わかりましたやってみます

よし！お金の法則を身につけて絶対大金持ちになってやる!!
こうやってお金について教えているのは君を単なるお金持ちにするためじゃないよ…
ギクッ
君らしい人生を送ってほしいからなんだ…
お金の達人になると素晴らしいことが起こる
これまでお金の心配をしてそのパワーに影響を受けていた決断や行動がすべて君の自由になる…
この子と一緒にいたいからしばらく仕事を休もう
オーロラがキレイね～
よし！明日から見に行こう
それはまるで人生からお金がなくなるようなものだ
……

お金は社会の中を流れる川のようなもの

幸せな金持ちの川
流れがある
周りの人の
領地にも
水が流れる
自分の領地に
水が流れる
みんなも
HAPPY
自分も
HAPPY
不幸な金持ちの川
よどんでいる
自分のところにだけ
水を溜めようとする
人の領地には水は行かない

自分のところの
水はよどんで・・・
子どもたちは
遊べない
花も枯れる

第9の秘訣

The key to success

自分のビジネスをもつ

どうすれば
収入をふやすことができますか？

「自分なりのやり方で人を喜ばせることを考えなさい。自分の特性に合わないことをやっても、不幸になるだけだよ。そして、それぞれの立場で、人を幸せにすることができれば、君は十分に幸せで豊かな人生を送ることができるからね」

金持ちになる、いちばんの近道

「それは**ビジネスをもつ（Own your business）こと**だね。スポーツ選手になったり、歌手になればというのは現実的でない。儲かるビジネスを所有するのが普通の人にとっての、いちばんの早道と言えるだろう」

ゲラー氏の「ビジネスの成功5原則」

5
自分がいなくてもまわるシステムをつくる
嫌いなことを仕事にする
お金を追いかける
忙しくなる
ビジネスを急に拡大させる

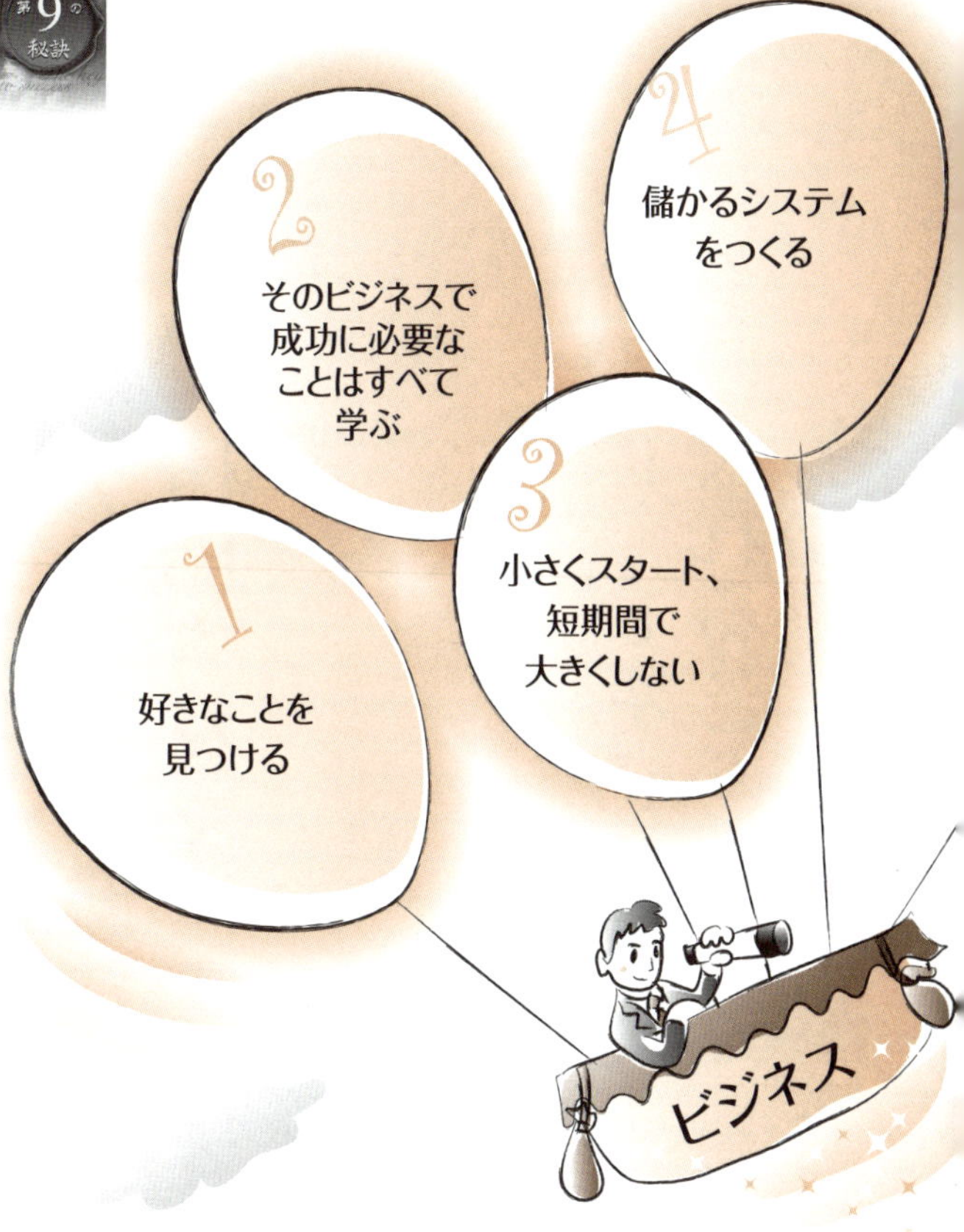
2
そのビジネスで
成功に必要な
ことはすべて
学ぶ
4
儲かるシステム
をつくる
1
好きなことを
見つける
3
小さくスタート、
短期間で
大きくしない
ビジネス

ビジネス=人がお金を払ってもいいと思える
価値あるサービスやものを提供すること

第10の秘訣

The key to success

アラジンの魔法のランプの使い方をマスターする

自分の欲しいものを何でも手に入れることなんてできるんでしょうか？

「誰にでも、アラジンのランプは備わっている。ただ、その使い方をよく知らないために、使いもしないというだけのことなんだ。普通の人は、欲しいものすら、考えない。そして、行動に移しもしない。ランプをこすりさえすれば、夢がかなうというのにね」

一〇年後、二〇年後の自分

「君が、普通の生活をしたければ、目標なんていらない。でも、普通と違った人生がよければ、それを明確にしなければいけない。**欲しいもののための、行動リストを書いて、そのとおりに行動する。**そうすると、注文どおりの人生がやってくるというわけだ」

イメージと潜在意識の力を使って、目標を設定する

目標設定 成功の5原則

1. ワクワクするような目標を立てる
2. 目標は細分化し具体的行動ステップを考える
3. 目標達成のご褒美と失敗したときの罰を考える
4. 目標が達成したところをイメージして楽しむ
5. 行動を起こす

なぜ目標達成に失敗するのか

1. すべきことを目標にしている
2. 具体的なステップがない
3. 目標達成のモチベーションがない
4. 期限がない
5. 行動していない

第11の秘訣

The key to success

多くの人に気持ちよく助けてもらう

成功って、自力で勝ち取るものじゃないですか？

「成功を目指す多くの若者は、すべてのことを自分の力で成し遂げようとする。けれどもそれは大きな間違いだ。というのも、成功とは多くの人に支えられてはじめて実現できる状態のことだからだ」

「一人」で成功している人はいない

「自力で成功したと考える人間は、どんどん傲慢《ごうまん》になっていく。すると、気がつかないうちに彼の周りから人が離れ始める。そんな人間と、**周りの人すべてに支えられて、いまの自分があるというふうに感謝をして毎日を過ごす人間**とでは、どれだけ将来に差が出てくるだろうか」

繁盛しているレストラン・オーナーの人生

銀行の担当者も
応援してくれる
店の内装を
担当して
くれる人
たくさんの
お客様が
友人を連れて
来てくれる
Restaurant
喜んで
働いてくれる
従業員
食材を毎日
運んで
くれる人
弁護士・会計士・税理士に
専門知識で助けてもらう
ゴミを掃除して
くれる清掃員

……多くの人たちの協力と献身

縁ある人たちに感謝し、
周りの人たちの
ライフワークを応援する

専門家の協力をうまく得ること

「たとえば、法律の詳しいことを君は勉強できるかもしれないが、その道で四〇年間プロとしてやってきた人間の知識の深さにかなうはずがない。

そうした専門家の知識をうまく活用する術を身につけてもらいたい。それは法律のみならず、投資、健康、医学、設計、デザイン、ありとあらゆる専門分野に関して同じことが言えるだろう。君はチームの監督であって、チームの一員ではないのだ」

優秀な弁護士、会計士、税理士を雇う

「ビジネスをやる上でも、投資をやる上でも、法律と税務に長けていなければ、金持ちになることは難しい。法律はパワーなんだ。かといって、弁護士や会計士になれと言っているのではない。それは君にとってかえって遠回りになるだろう。でも、基本的なことを知らなければ、金持ちになるスピードはぐっと遅くなってしまう。

優秀な弁護士と会計士、税理士を雇って、彼らをうまく使いこなすのだ。あまり、最初は有名な人は雇わないほうがいい。というのも君みたいな若者にはかまってくれないだろうから。それよりも、君と一緒にゲリラ戦を戦ってくれる、若くてできる奴を雇いなさい」

第12の秘訣

The key to success

パートナーシップの力を知る

ゲラーさんご夫婦は、どうして仲がいいんですか？

「富を築こうと思ったら、最愛の人と結婚し、いつまでも幸せでいることだね。それはどれだけの富よりも素晴らしい」

マスターマインドが幸せと豊かさを築く

「多くの見せかけの成功者は、パートナーをないがしろにして自滅していく。

マスターマインドとは、複数の心が同じ目的に向かってまとまった状態を言うのだが、一つのことを成し遂げるときには、この力が必要なんだよ。**二人以上の複数の人間の心を合わせることだ。それが奇跡を生む**」

ゲラー氏のパートナーシップを成功させる5原則

1

問題があれば、できるだけその場で話をすること。その日のうちに解決すること

「問題解決を先延ばしにしてしまうと、二人の間の愛の炎は小さくなり、情熱がそのうち消えてしまう。できるだけ、問題があると感じたら、その場で処理をすることだ」

2

何かを決めるときには、二人の一〇〇%の合意で決めること

「どちらか一方が反対しているのを、押し切ってはいけない。けれども、君が、その仕事よりパートナーを大切にしていれば、彼女は決して反対しないだろう」

Partnership

3 お互いの存在を自分の人生での奇跡として扱い、感謝すること

「世界には六〇億からの人間がいる。そのうちの一人をパートナーとして選んだのだ。その奇跡を日常的にお互いに確認し合えるかどうかが、パートナーシップの成功の鍵を握るだろう」

4 自分の幸せに責任をもつこと

「どうしても人は、相手を幸せにしたいと考えたり、相手に幸せにしてもらって当然だということを感じがちだし、言ってしまいがちだ。でも、誰かが他人を幸せにすることはできない」

5 夫婦は運命共同体である

「お金がどちらから入ってきても、夫婦のものであると捉えること。さもないと、お互い恨みばかりが募ってしまうからね」

第13の秘訣

The key to success

ミリオネア・メンタリティを身につける

「ミリオネア・メンタリティ」って何ですか?

「それはね、一言で言うと、『豊かさ意識』なんだ。そのメンタリティで生活していると、豊かさを引き寄せることができる。このメンタリティで生きると同時に、セルフイメージを高めなければいけない」

セルフイメージを高める

「セルフイメージとは、『自分が誰である』と思っていることだよ。たとえば、自分が素晴らしい奴だと思っていれば、その人のセルフイメージは『自分は素晴らしい人間だ』となる。**セルフイメージが高ければ高いほど、幸せ、成功、富を引き寄せることができる**」

僕はゲラーさんに自分のセルフイメージを変える方法を尋ねてみた
多くの人の最大の問題は理想の状態をイメージしないことなんだ…君はまず自分の望む人生をイメージすることだ
そして、イメージする際に出てくる不安、恐れ、イライラに向き合うのだ
たとえば君は将来どんな人物になりたいと思うんだい？
そうですねー… 複数の会社のオーナーになって素晴らしい家族をもち多くの人の光となる仕事をやりたいです
何年後に実現したい？
ん～…20年後でしょうか
ということは40歳になるまで待つつもりかい？どうして30歳でそれができないのかね？
えっ
!?

僕の周りで
30歳どころか40歳でも
そんなふうになってる
人を知りませんよ！
私の周りには30歳で
大金持ちになった連中が
たくさんいるよ
君が30歳で成功できない
理由はないんだ…
君の中には
たくさんの資産が
眠っている
イメージしてごらん
そして描き出すんだ
僕はその夜、実際に書き出してみた
「複数の会社の経営」
「世界中を講演してまわる」
「ベストセラーを書く」
「セミナーをやる」
「多くの影響力ある友人をもつ」
「幸せな家庭をもつ」
「望んだものは
買えるだけの
経済的自由」
「時間的自由」
「お手伝いさん」
「運転手」「料理人」
など思いつくままに…
ゲラーさんの
言うとおり
40歳ではなく
30歳までに
達成しようと
書いた
そして
なんと
このほとんどが
本当に
30歳までに
かなったのだった

豊かさ意識の高め方

10億円の資産家
1 10億円をもっていても…
10億円の資産家の気分で生きる
6 10億円もっているお金持ちと同じ状態になる

コラム

ミリオネア・メンタリティ

ミリオネア・メンタリティとは、「豊かさ意識」とも訳されます。億万長者の人たちがもっている心構えのことです。全財産を失った億万長者が、たった数年でもとの資産を取り戻したりできるのは、彼らがこの心

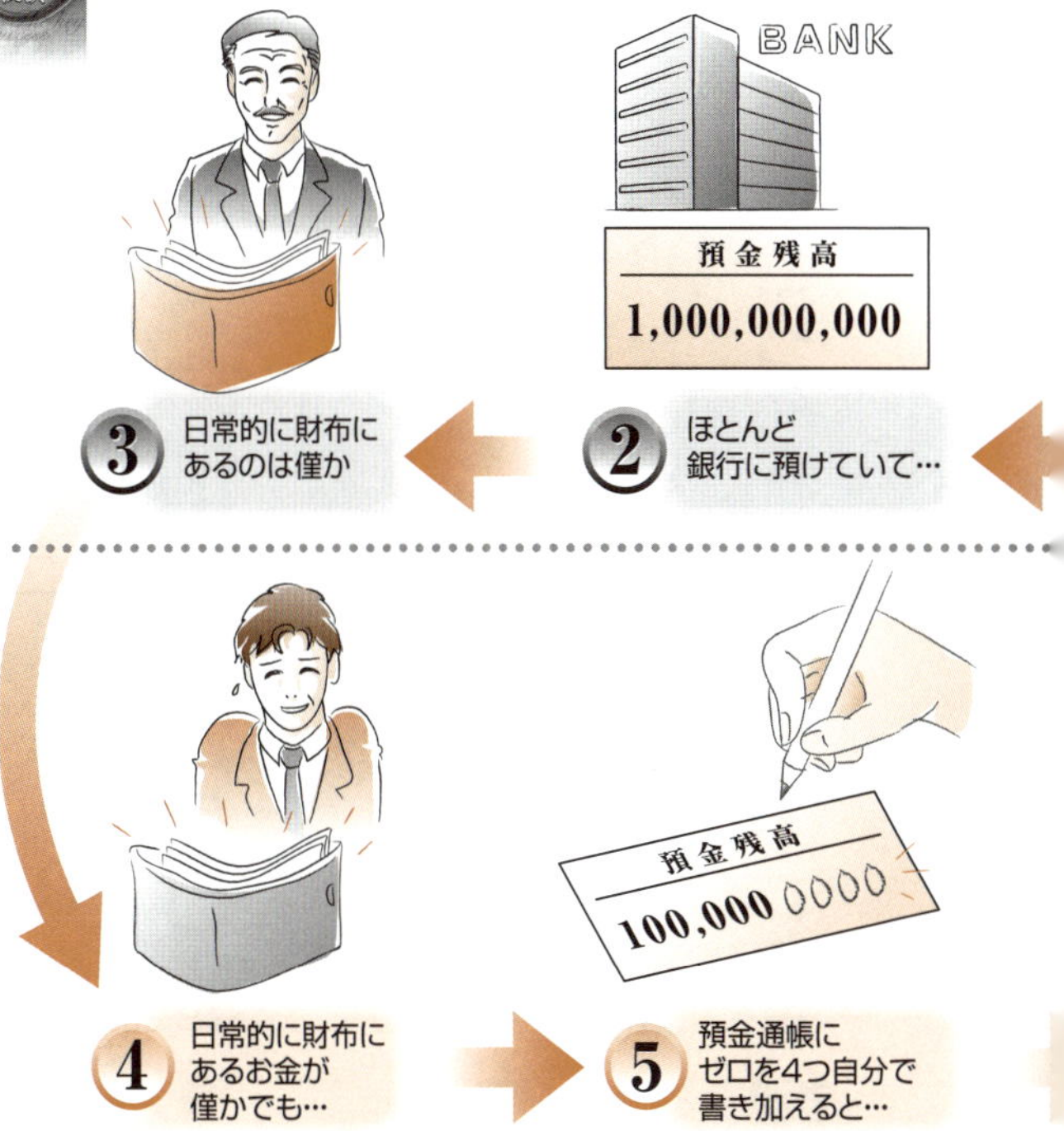
BANK
預金残高
1,000,000,000
2 ほとんど銀行に預けていて…
3 日常的に財布にあるのは僅か
4 日常的に財布にあるお金が僅かでも…
預金残高
100,000 0000
5 預金通帳にゼロを4つ自分で書き加えると…

構えをもっているからです。豊かさは、その人の地位に来るものではなく、その人の生き方に引きつけられるものなのです。

人を信頼して大切にする、たえず自分にはチャンスが来ると信じる、人を応援する、生き金を使うなどはその一つです。自分の得意なことを情熱的にやっている人は、自然とチャンス、お金、新しいアイデアを引きつけます。成功するためには、このメンタリティを身につけることがどうしても不可欠です。

第14の秘訣

The key to success

勇気をもって決断し、情熱的に行動すること

決断力をつけるには、どうしたらいいですか?

「どんなくだらないことでも積極的に決めなさい。今日はランチに、ハンバーガーを食べようと意識的に決めること。そして、『チーズバーガーを二つ。ピクルスなしで！』と具体的に即決断すること。そんな日常的な意識で決断に関して心構えができてくる」

決断に失敗はない

「多くの人が決断をせずに、先延ばしにするのは、失敗が怖いからだ。**人生では、いいことも悪いことも起こる。**それは、ある状況をどう捉えるかによって変わってくる。そう考えると、決断をせずに、何もやらないというのがいちばん害になることがわかるだろう」

ゲラーさんに進路の相談をしたときのことだ…
実は僕、ビジネスをやる前にMBAを取ろうかと迷っていて…
君はいったい、何がやりたいんだい？
!?
MBAを取るのは実践でビジネスをやってからでも遅くないんじゃないか？
まあそれは君が決めることだがね
はぁ～～
やっぱりそうだよな～自分で決めるしかないよな～
日本に帰ってゆっくり考えればいいか…
でも決断を先延ばしにしてはいけないよ
えっ
僕の考えてることわかるの!?

人生のことを真剣に考えることは面倒な作業だ
だから何も考えないようにして決断を先延ばしにしてしまう
でもそれは『人生を無駄に過ごそう』と決断しているということなのだ
健康
お金
人間関係
もうしばらくここでのんびりしよう
こんなにぬるいのに大丈夫!?
問題が発生しないかぎり人はぬるま湯で生きていきたいからね
しかし、いずれ先延ばしにしたことは逃げられない問題となって目の前に現れる
運動してます? 血液ドロドロですよ
え
いつも私のことほっといて!
もうサヨナラよ!!
ま、待って!!
うわ～ローンの支払いだけで給料のすべてが…
どんなことでも意図的に決めることだ そうすれば結果から学べる
そのためにも自分の価値観優先順位をはっきりさせておくことだ
これを
スッ

決断力をつける5つの法則

ゲラー氏は僕があらかじめ用意しておいた紙に書きだした。

①どんなことも意図的に決める

②人生の価値観、優先順位をはっきりしておく

③ 決められないときは、
自分が納得できるまで待つ

④ 決断に失敗はないことを知る

⑤ 一度決めたら断固たる態度で
前に進む

第15の秘訣

The key to success

失敗とうまくつき合う

ゲラーさんは、人生で失敗したことがあるんですか？

「もちろん、私は成功よりも多くの失敗をしているよ。もっとも、成功者はみんな同じだろうけれどね。普通の人は、成功するためには、一度の失敗も許されないと考えている。アメリカの平均的億万長者は、富を築くまでにたいてい一度は破産しているのだよ」

何を失敗と考えるか

「失敗とはあきらめてしまったときにのみ起こる現実なんだよ。**成功していない現実を受け入れたときに、はじめて失敗は生まれる。**うまくいかない方法を探しているだけ、ぐらいに思えるようになれば、君の本格的な成功も近いと言えるだろう」

現在に意識を集中させる

現在に意識を集中している人

- 目の前の素晴らしい人生を100%楽しむ
- 現在に集中することで、目標をいちばん早く達成できる

未来にエネルギーを集中しすぎる人

- 計画を立てるのに忙しくて、いまを楽しめない
- 将来のことばかり考えて、いまを見失う

過去にエネルギーを集中しすぎる人

- あのときこうなっていれば……と悔やんでばかりいる
- 昔のことばかり考えて、いまを見失う

第16の秘訣

The key to success

夢を見ること

夢はかなわないから夢なんだ
という人がいるが、
本当にそうだろうか?

「幸せに成功するためには、夢を見ることが必要だ。夢には、人を行動に駆り立てる力があるからね。最初のうちは、個人的な夢でまったくかまわない。こういうことがしたいとか、こんなものが欲しいとかでいいのだ。そのうち、考えることがどんどん実現するようになる」

夢を追いかけると、人生が変わる

「偉大な業績を上げる人間は、夢の力をよく知っている。**大きな事業を興したり、政治的にめざましい業績を上げた指導者は、夢のもつ力を使っている。**

たとえば、ウォルト・ディズニーは、常に夢を見る子どものような人だった。ヘンリー・フォードやエジソンも、自分たちの仕事が世界を変えると夢見たのだ」

人が自分らしく豊かになれる世界

「ゲラーさんの夢はなんですか?」

「私には、大きな夢がある。それは、人類すべてが、好きなことをやってい て、お互いを尊重して、楽しんでいる将来の地球の姿だ。そこでは、人はみんな朝起きると好きなことをやっている。自分の好きなことがパンを焼くことなら、パンを焼き、歌を歌いたいなら、歌を歌う。お金などまったくない世界だ。歌を歌う人が

おなかが空けば、パン屋の友人のところに行く。そこで彼はいそいそとパンを焼いている。彼に『サンキュ！　いいパンが焼けたね』と言い、一つもらっていく。

地球の資源がうまく分配され、みんな好きなことをやっている。そこには我慢したり、競争したり、お互いに意地悪したりする余地がない。みんなが幸せに暮らしているからだ。自分らしく楽しい毎日を送り、家族、友人とゆったりした時間を過ごしている。そんな世界だ」

第17の秘訣

The key to success

人生がもたらすすべてを受け取る

悪いことが起きないようにするにはどうすればいいですか？

「この人生で起こることはすべて中立であって、いいことも悪いこともないのだよ。意識を集中すればするほど、それを引き寄せるという法則があるのを知っているかな?」

いいことも悪いことも、解釈の仕方しだい

「たとえば私は、ナチの強制収容所に危うく入れられそうになり、命からがらアメリカに逃げてきたが、おかげで、私はゼロから富を見出すという力を身につけることができた。

いいことも悪いこともないと考え、そして自分にもたらされることはすべて受けとめようという心構えのみが、心の平安を人生にもたらすのだ」

ユダヤ人大富豪・ゲラー氏の名言⑩

「成功すれば、人生がバラ色になると信じている人は多くいる。しかし、実際に成功してみると、想像していたのと違っていることが多いのに戸惑ってしまうものだ。

光が当たると必ず影が出るのは、自然の摂理と言えよう。幸せに成功している人は、この暗闇もしっ

かりと統合した上で、バランスの取れた人生を実現

しているのだ」

成功と栄光が人生にもたらす7つの関門

The seven barriers

――「これから話すことは、いまの君にはまだ
ぜんぜんピンとこないかもしれない。
しかし、真の意味で成功するために、
とっても重要なのでよく聞いておいてもらいたい」

1 自分を見失うこと

「自分のやっていることが拡大して、周りが君に注目するようになると、様々なことが起こる。自分が自分だと思っている人間と、周りがこういう人だと思う人間がずれてくるのだ。君自身がしっかりしていたら、何も恐れることはない。けれど、周囲から吹く風の強さに自分を見失ってしまうことがあるというのを知っておきなさい」

2 愛する家族やパートナー、友人を失うこと

「成功を目指す人間の多くは、ビジネスに意識を集中しがちだ。結果的に、ビジネスの成功や経済的な豊かさは手に入れても、大切なものを失ってしまう。経済的に成功した人間の多くが個人的にはボロボロの生活を送るのもそのためなのだ」

3 上昇気流の途中に潜むエアポケット

「成功していくと、ある時点で、上昇気流の途中のエアポケットに入ってしまうことがある。これは、次のレベルに行くための、言ってみれば通過儀礼のようなものだ。真のリーダーになるための大きな一歩だと言えよう」

4 自分、家族、身近な人にふりかかる病気や事故

「急成長する会社に関係する人には、病気や事故が普通の会社よりも多くあるものだ。急成長のひずみがそんなところに出るのだね。トップが突っ走っていると、必ずその反作用が起こるものなのだよ」

5 周りからの批判、自己不信

「君を批判する人を恨むのか、彼らに心から感謝できるかで君の人間の器が決まる。批判する人間は、往々にして、君の最大の理解者になるもんだよ。君によくなってほしいという思いがマイナスに振れただけなのだから」

6 他人への不信、競争、嫉妬、将来への不安

「成功すればするほど不安が募る。だから、仕事にのめり込み、仕事中毒になってしまうのだよ。それを乗り越えるには、自分の内面にいる失敗者と折り合いをつけなくてはならない。自分が失敗しても、それを受け入れ、愛することができれば、それを恐れることがなくなる」

7 成功への恐れ、偉大な自分を受け入れる抵抗

「ある心理学者によると、人生で最大の恐怖は、死の恐怖よりも、成功することへの恐れだという。私は、自分の体験から言って、それは正しいと思っている。真に成功するということは、あらゆる変化を受け入れるということだ」

エピローグ

最後の試練――ビジョンクエスト

――さあ、君にはすべてのことを伝えたつもりだ。

「最後に大きな難関が残っている。それは、君自身がすべての教えを身につけたかどうかを試すと同時に、旅立つ前の準備を整えることにもなる。では、この間行った無人島に行ってみよう。いいね？」

Vision quest

夜になって焚き火の炎を見ると、いろんなことを思い出した。前回と違うのは、今回はポジティブで感謝に満ちた思い出ばかりだった。両親と過ごした小さい頃のイメージ、友人と遊んだ楽しい思い出、今回の旅で出会った素晴らしい人々の顔が浮かんでは消えた。両親への感謝がふつふつと湧き、なぜ僕があのような家族に生まれてきたのかの深い意味が腑に落ちた。

同じシチュエーションなのに、前回とはまったく違った体験をしているのに自分でも驚いた。

いよいよ日本に帰るときが近づいてきて、僕はこの一年間の総決算をしていた。そして同時にいままでの二〇年という人生の総決算もしていた。僕は一つひとつの思い出を反芻《はんすう》しながら、ゲラー氏を含むすべてのアメリカの人たちに心から感謝した。そして夜空を眺めると、そこには文字どおり満天の星がきらきらと輝いていた。

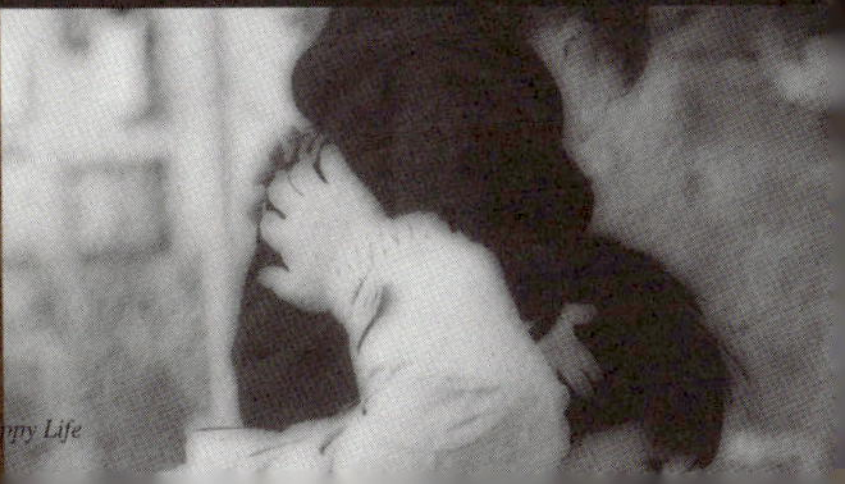

無人島からの帰り、
大海原の船のデッキで、
ゲラーさんは話し始めた。

「最後に話したいことがある。それは、一人の人間の力ということだ。

海の水が大陸をつなげているように、感情が地球上の人すべてをつなげている。近い将来、コンピュータなどの発展で個人間のつながりをもっと意識できる時代が来るだろうが、そうすると、私の言っていることが、もっと説得力を増すだろう。

一人の人間が暴力的になると、周りの人間は影響を受けて、すさんだ気持ちになる。同じように、一人が幸せになるとき、周りの人間も影響されて、幸せになるものだ。私は、一人の人間が絶望の淵から甦り、愛と豊か

さに生きたとき、どういう影響が与えられるのか、自分の人生を使って実験したいと考えている。

私からスタートした幸せや豊かさが、いま周りの多くの人間を幸せに豊かにしていきつつある。この波が、どう広がるのかわからないが、それをこの地球に残していきたいと考えているのだ。その一つの波を君とも分かち合ったつもりだ。君がそれをどのように使うのかは君の自由だがね」

column

コラム

ビジョンクエスト

ビジョンクエストは、アメリカ大陸に住むネイティブアメリカンの人たちが、人生の節目に行う儀式です。自然の中を1人で何日もさまよい、人生の新しい方向性やビジョンを受け取るというものです。私も、20代の頃から、折りを見てやっています。本格的には、数日から数週間やるそうですが、私は都会向きにアレンジして、数時間から、長くても1日で終わります。周囲何キロも誰もいない空間に行き、1人で静かに自然の中を歩いたり、走ったりします。大地のエネルギーを感じながら、新しい自分の可能性を見出すのです。そうやって得たインスピレーションで、作家としての活動をスタートすることになりました。いま書いている本や講演、セミナーのきっかけは、すべて自然の中で生まれたのです。

新たな自分と出会う旅立ちのとき

いままでの一九年よりも密度の濃いかもしれない一年を終え、僕はアメリカをあとにする日が来た。空港までの車の中、なぜか言葉が出てこなかった。無言のまま、フロリダの見慣れたやしの木がどんどん後ろに過ぎていくのをただ、眺めるだけだった。

◇

飛行機に乗っても、しばらくは放心状態だった。出された味気ない機内食を食べ終わると、それまで開けてはいけないという手紙をもらっていたのを思い出した。急いで開けてみると、ゲラー氏の達筆な文字が目に飛び込んできた。

それは、ナプキンに何度も書いてくれた、見覚えのある、やさしく温かい文字だった。

親愛なる若い友人へ

君との数週間は、私の人生が終わる前の思い出のハイライトになってくれた。この歳になると、いちばんの楽しみは、君のような若くて可能性が無限にある若者のエネルギーにふれることなんだよ。君にはわからないだろうが、若く希望にあふれる人間が発するオーラは、実にまぶしくて、美しくて、それは愛おしいものだ。それを私たちのような老人と分かち合ってくれて本当にありがとう。

　君には言うチャンスがなかったが、君は私の恩人を思い出させていた。いつも言おうと思いながら、なんとなく言えなかったことがある。私がヨーロッパからシベリア経由で日本を通ってアメリカに

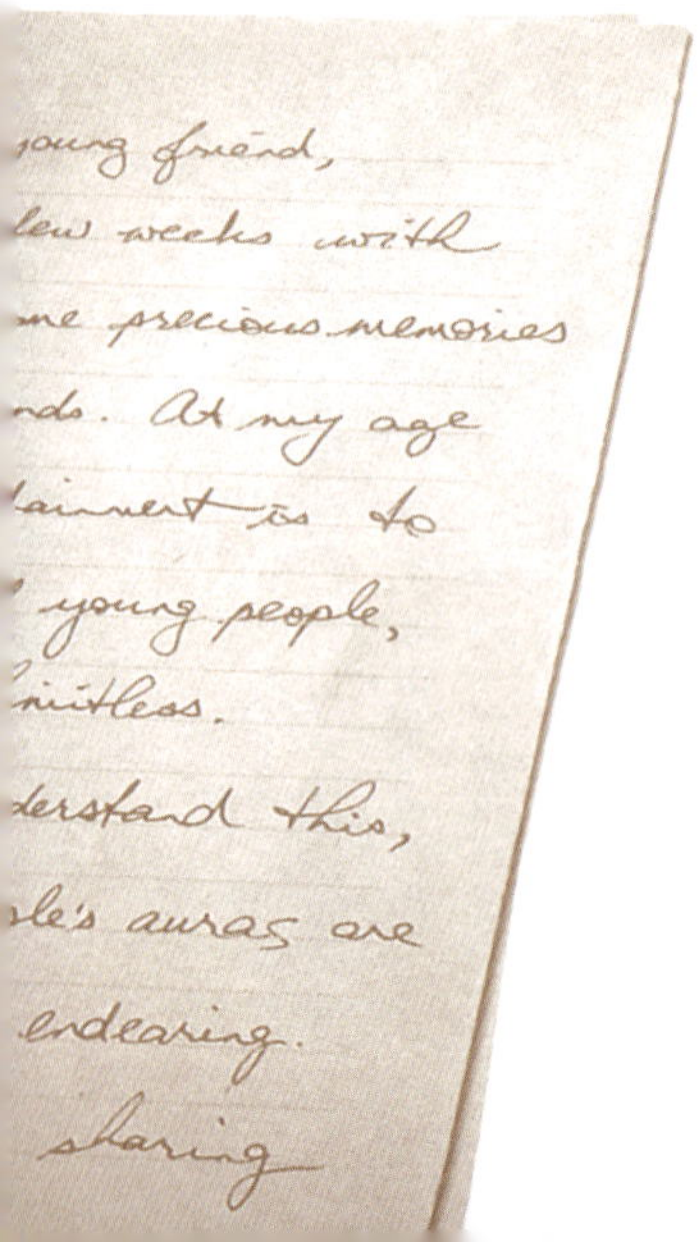
young friend,
few weeks with
me precious memories
nds. At my age
tainment is to
young people,
imitless.
derstand this,
le's auras are
endearing.
sharing

渡った話はしただろう。

そういうルートがあるという話を私は、ある日本人から聞いたのだ。たまたまカフェで知り合った人間なんだがね。笑顔がとても印象的な男で、彼はケンとだけ名乗った。結局、彼の情報のおかげで私は、命を現在まで長らえることができたわけだ。アメリカで成功して落ち着いてから、いろんなコネを使ってずいぶんケンの存在は探したのだが、結局彼が誰かわからなかった。それがずっと気になっていた。

君の講演のパンフレットを見て、名前と写真の笑顔を見たとき、鳥肌が立ったよ。あのケンと同じスマイルだったからね。そしてなんと名前も同じじゃないか。君と彼には何の関係もないことは十分承知だ。でも、私にとっては、実に意味があるのだ。

彼にしてもらったことに対して、君を通じて恩返しさせてもらった気がした。これで、私なりにケンとの関係がすっきりできた。不思議に思うかもしれないが、君との

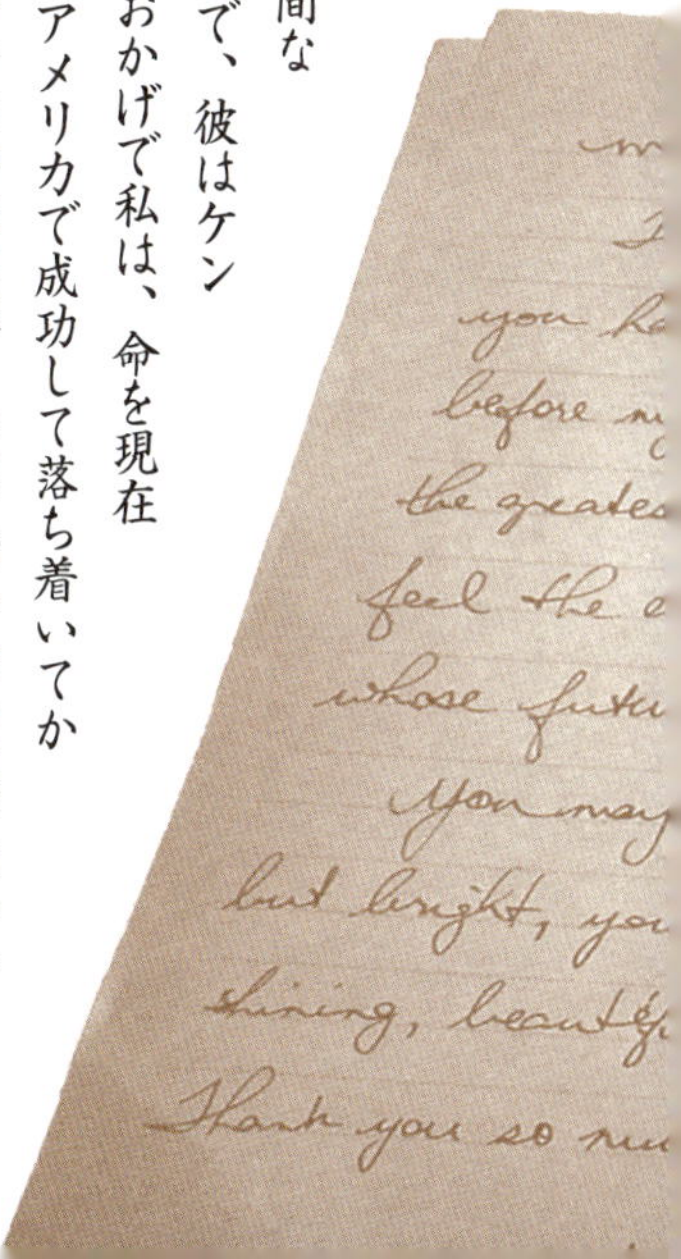

出会いには心から感謝している。本当にありがとう。君は一つ私の心の負担を軽くしてくれたのだよ。

私の見立てでは、君は間違いなく成功するだろう。もちろん、本当の成功に行き着くまでには、苦しいところも通らなければならない。それは、君がリーダーになるための大切な試練なのだ。人間の深い闇に立ち向かうことができて、はじめて、多くの人を導くことができるからね。一〇年かかったとしても、それはとっても価値があるのだよ。

せっかちな君なら、五年でできると言うだろうが、残念ながら、人生は能率よく生きたらいいというものではない。いずれにせよ、君なら、それを乗り越えて、必ず多くの人にとって光となるようなリーダーになるだろう。

君には、世界的なリーダーになる素質があると思う。その運命を受け入れられるかどうかは、君の器ということになるだろうがね。お願いだから、自分のことを過小評価しないでほしい。誇大妄想にとりつかれたかもしれないと君は思うだろうが、それは君の運命なのだから。「どうして、自分が？」という疑いに何度も見舞われるだろう。多くの世界的な指導者がそうであったように。

将来君が書く本は世界中で売れ、君は、いろんな都市に招かれて講演したり、指導者と会ったりするだろう。君の存在は、希望を失いかけた多くの人に光を投げかけるに違いない。そして、彼らの中に眠る本来の力を目覚めさせていくことになる。君の活躍する姿を実際に見られないのは残念だが、それは望みが多すぎると言えるね。もっとも、私の頭の中では見せてもらったので、十分満足しているがね。

君が幸せで充実した人生を生きるのを一〇〇%信頼しているよ。くじけそうになったときは、アメリカにいた変わった老人を思い出してほしい。君の成功を心から信じている人間が少なくとも一人いたとね。

全身全霊で、君の人生の幸せを祈っている。そして、君が将来ふれることになる何百万人の人の幸せもね。君を通じて、私は永遠の命と心の平安を得た。本当にありがとう。心から感謝しているよ。君に神様のすべての祝福がありますように！

君の古い友人より

ユダヤ人大富豪・ゲラー氏の名言⑪

「君は必ずたくさん失敗する。でも、要はその失敗からどれだけのことを学んで、カムバックするかだ。自分でダウンを認めないかぎり、人生のゲームに負けはない。これだけは、覚えておくんだ。何回ダウンをしても、必ず立ち上がれ。

君には、どんな失敗からも学ぶことのできる知性と、そこから立ち上がる勇気がある。
何度倒されても、立ち上がりなさい」

〝メンター〟とは何か

MENTOR

人生の転機で悩んだとき、的確にアドバイスしてくれる人、それがメンターです。日本でも、恩師とか、恩人という言葉があります。メンターという言葉の意味を説明すると、成功している人は、「ああ、そういう人ならいる!」とみんな言います。

●メンターとは?

メンターとは、人生を導く師という意味です。英語圏では、日常的に使われる言葉で、助言してくれる先輩といった軽い感じから、人生の恩人まで、幅広い意味があります。

MENTOR

●メンターはどうして大切なのか?

メンターは、なぜ大切なのでしょう?

これは、山登りを考えるとわかるでしょう。メンターは、頂上への登山道を何度も往復して、いろんな人をガイドしてきた人です。だから、どういう危ない目に遭うのかを知り尽くしています。自分自身が失敗したり、いろんな人の失敗を見てきています。だから、普通の人が、どんなときに、道に迷ったりするのかを手に取るように把握しています。

天候や道の状態などを見て、どういう歩き方がベストなのかを判断します。また、装備は十分なのかをチェックしたり、もう頂上へ行くのは無理だと思ったとき、どうすればいいのかを教えてくれるのがメンターです。一度も登ったことのない山に、どういう装備が必要かも知らずに、いきなり登ることほど危ないことはありません。行き詰まったとき、どうしたらいいのかを的確にアドバイスしてくれる人は、とってもありがたい存在です。

●メンターの四つの条件

では、どういう人がメンターになり得るのか、条件を四つ挙げましょう。この条件が一つでも当てはまっていなければ、そういう人には、メンターになってもらわないほうがいいでしょう。

1）幸せに成功している人

メンター候補を探すとき、誰も、失敗している人を探す人はいないでしょう。しかし、成功しているからといって、その人がすぐよいメンターになれるかというと、そういうわけでもありません。社会的には成功しているものの、不幸な人はたくさんいます。人生のことを教えてもらうのなら、幸せに成功している人についても学ぶことです。

2）バランス感覚のある人

もう一つ大切なのは、バランス感覚のある人です。幸せに成功しているように見える人でも、偏っている人がいます。たとえば、プラス思考に偏っていると、ネガティブな人の気持ちが理解できません。また、仕事では成功してハッピーに見えても、家庭生活や友情など人生の大切なものを大事にしているかは、ぱっと見ただけではわかりません。

バランス感覚に長けた人は、人生の全体を見て、絶妙なタイミングで、あなたにいい言葉をくれます。

3）失敗から学んでいる人

失敗から学んでいる人は、他人に対してやさしくなることができます。自分が失敗してみないと、どうして人が失敗するのかを理解できません。

エリートコースを順調に来た人より、いろんな失敗をして、そこからはい上がってきた人のほうが、人間的な深みがあり、的確なアドバイスをしてくれる可能性が高いと思います。

4）与え好きな人

メンター候補の中には、あなたを利用してやろうという人もいるかもしれません。都合のいい運転手にされたり、お手伝いさんとして見ていたりする人がいます。また、あなたを単に出資者として見なし、自分の会社に投資しないかと誘ってきたりする可能性がないとは言えません。

メンター候補を判断するのに、その人が、与えるのが好きかどうかを見てください。人からもらおうとする人か、与えようとする人かを見て、その人の人間性を判断するのです。

その人が、与え好きな人なら、あなたの人生の幸せを願って、ベストな行動を取ってくれるでしょう。

●メンターを見つける四つのステップ

1）自分がどういう人生を生きたいのかをはっきりさせる

あなたがどういう人生を生きたいのかによって、選ぶべきメンターが変わってきます。たとえば、映画の世界で生きていこうというときに、教育界で成功しているメンターを得ても、的確なアドバイスは得られないでしょう。というのも、それぞれの世界でまったくルールが違うからです。もちろん、違う分野のメンターからも、人間としての生き方の部分では学ぶことは多いと思います。しかし、自分の進みたい分野が定まってくれば、その世界で活躍するメンターを得ることは、あなたにとって、大きなチャンスになり得るのです。映画の世界なら、具体的にどの分野で何をやりたいのか、だいたいでもかまわないので、あたりをつけておくことです。

2）理想の人生との距離を測る

次のステップは、理想との距離を測ることです。どういう分野の知識が足りないのか、何を教われればいいのかを見極めることが、幸せな成功への早道です。

自分の状態があまりにも情けないので、直視しようとしない人がほとんどです。しかし、ここは踏ん張って、自分の現在地をはっきりさせておくことが必要です。

3）メンター像をはっきりさせる

自分がどこに行きたいかが明確に定まった上で、どんな先生が欲しいのかを決めることです。どういう仕事をやっていて、どんな性格で、どのように教えてもらいたいのかを明確にしていきましょう。自分が望むものをリストに明確にしておくことです。ちなみに、この方法は、パートナーを得るときにもとっても役に立ちます。

4）行動を起こす

多くの人が、メンターがいればなあ、と思いながら、行動を起こしません。パートナーを得るのとよく似ていて、どうしてもメンターが欲しい！　と考えて、あらゆる行動を起こしてみることです。映画を見たり、気になる人の講演会やセミナーに行ってみることです。そのうち、ちょっとしたきっかけで、いろんな素敵な人と出会えるようになります。

●生徒の準備ができたとき、メンターは現れる

いままでいろんな成功者に、インタビューしてきました。メンターとどういうふうに会ったのかを聞いてきました。

おもしろいのは、みんなある日、急に現れたと言います。共通しているのは、一生懸命にやっているうちに、声をかけられたり、紹介で出会っていることです。生徒の準備ができたとき、メンターは現れるのです。

MENTOR

本田 健（ほんだ・けん）

作家。神戸生まれ。経営コンサルタント、投資家を経て、29歳で育児セミリタイア生活に入る。4年の育児生活の後、執筆活動をスタート。YouTube番組「本田健の人生相談」は4700万ダウンロードを記録。

代表作に『ユダヤ人大富豪の教え』『20代にしておきたい17のこと』など、著書は150冊以上、累計発行部数は800万部を突破している。

2019年には英語での書き下ろしの著作『happy money』を刊行。イギリス、ドイツ、イタリア、スペイン、オランダ、ロシアなど、同作は世界40ヵ国以上で発売されている。

大好きなことをやっていきたい仲間が集まる「本田健オンラインサロン」も好評。

だいわ文庫

図解《ずかい》　ユダヤ人大富豪《じんだいふごう》の教《おし》え
幸《しあわ》せな金持《かねも》ちになる17の秘訣《ひけつ》

著者　本田《ほんだ》　健《けん》

二〇一〇年七月一五日第一刷発行
二〇二二年一一月二五日第六刷発行

発行者　佐藤 靖
発行所　大和《だいわ》書房
東京都文京区関口一—三三—四 〒一一二—〇〇一四
電話 〇三—三二〇三—四五一一
振替 〇〇一六〇—九—六四二二七

装幀者　鈴木成一デザイン室
本文デザイン＋DTP　齋藤 稔
マンガ　今谷鉄柱
編集協力　ウーマンウエーブ
本文印刷　歩プロセス
カバー印刷　山一印刷
製本　小泉製本

ISBN978-4-479-30294-0
乱丁本・落丁本はお取り替えいたします。
http://www.daiwashobo.co.jp